人はあなたの何を見ているか

小宮一慶

Komiya Kazuyoshi

www.MdN.co.jp
MdN
エムディエヌコーポレーション

はじめに

わずか1センチの差で世の中の見え方が変わる

「人はあなたの何を見ているか」、このタイトルに対して持つ印象は人それぞれ、だいぶ違うのではないかと思います。

私は、大学を卒業した後、東京銀行（現・三菱ＵＦＪ銀行）に入行しましたが、入行当初は人を評価することよりも、私自身が評価されることのほうが多かったように思います。そして、その後に経営コンサルタントとして独立するわけですが、そこでは、「正しく人を評価する」ということが非常に重要なポイントになりました。

今では21名の会社の経営者として、部下を評価するとともに、５社の社外役員と6社の顧問をしています。長年付き合っているお客さまからは、次期経営者についてなどのご相談もあります。ある会社では指名委員会の委員長もしているので、経営者の選定にもかかわっています。

そうした仕事の中で、これまで多くの経営者やビジネスパーソンを見てきましたが、会社や自身を伸ばす人がいる一方、ダメになる人にも多く接してきました。

当社は経営コンサルティング業の他に会員制でセミナーをしており、現在460名ほどの会員さんがいます。そのほとんどは経営者か経営幹部です。27年にわたってこういう仕事をしてきているので、おそらく、その10倍以上の経営者たちと接してきました。ある意味で「人を見る目」というのが自然と身についてきたと言えます。


先に結論を言ってしまうと、それは「できる人」を見抜く目とも言えます。

「できる人」、または「評価される人」には、共通の考え方や習慣というものがあります。そのことに気づいているかどうか？　その点を掘り下げることで、評価される人になるための正しい努力の仕方に導いていくというのが本書のテーマです。

したがって、本書は心理学の本ではありませんし、「大した努力もせずにボケっとしていても、読むだけで、周囲から評価される人になれる」テクニックの本ではありません。

あくまでも、正しい努力とは何かを知り、行動と継続によって自らの評価を高めるために必要なことを記したものです。

一方、現代人の多くは、過度に他人の目を気にしているように感じます。そして、そこからもたらされる自分の評価を、常にチェックしているようです。

けれどそこには、ビジネスパーソンが備えるべき〝本質〟がありません。

そもそも、努力もせずにボケっとしているだけで、人から評価されることなどありません。そのような方法があると考えること自体、間違っています。

まず、評価されるための「正しい努力」とは何かを理解し、そして正しい努力をし、その努力を積み重ねて、かつ、自分なりの目標を持って行動すること。そうすれば、人から評価されます。

それこそが評価されるプロセスなのです。

私は、21人いる社内で最も〝売れている〟人間です。

本も150冊以上出していますし、テレビにも出ています。講演も年に100回程度は呼ばれて行きます。ある意味、どこへ行ってもチヤホヤされます。

私は、それ自体はいいことだとは考えていません。ただし私は、社員たちにも同じ景色を見せてあげたいと考えています。

プールに入っていても、水面よりちょっと下にいるのと、少しでも目が水面より上に出ている状態では、見える景色がまるで違います。わずか1センチでもまったく違うのです。

その違いを埋めるには、学びと行動、それに継続が必要です。

本書には、そのために必要なエッセンスを散りばめたつもりです。その先にあるのは、あなた自身のより良い未来であり、あなたに対する適切な評価です。

自分の人生のレベルが上がり、社会で活躍し、いろいろなところへ行っていろいろなことをすると、これまでとは異なる景色を見ることができます。

いろいろなところに行けば、多くの人にも会えるし、そこでいろいろな経験もし、話を聴くことができます。その過程でさらに、人間としても成長することができるでしょう。

それはまさに、あなた自身の評価を高めるための好循環と言えるのです。

私の好きな言葉に「グッドはグレートの敵」というものがあります。これはジム・コリンズの著した『ビジョナリー・カンパニー2』にある言葉なのですが、グッドのままでは見える景色も限定されてしまいます。グッドでさえないのであれば、なおさらです。

まずグッドになり、そして、その先を見るにはグレートにならなければなりません。そのためには、働き方だけではなく、正しい考え方や生き方も養わなければなりません。つまり、自ら積極的に、より深く学び行動しなければならないのです。

しばらく前、私が明治大学の会計大学院で特任教授をしていた頃、生徒たちに私の講義に対するアンケートをとったことがあります。その結果、「説教が一番良かったです」と書いている生徒がたくさんいました。今の若い人たちは、説教をされる機会が少ないのでしょう。

経営コンサルタントの私は経営者のコーチです。時として経営者を説教することもあります。そこでよく言うのは、「生き方を勉強するのが経営を成功させる一番のポイントだ」ということです。

日本を代表する経営者であった稲盛和夫さんもおっしゃっていますが、ビジネスも人生の一部であるので、**人生がうまくいく人はビジネスもうまくいきます**。

だからこそ、私はビジネスパーソンにこそ、「生き方」を学んでもらいたいと考えています。それも〝成功する生き方〟です。

私が幸運だったことのひとつに、35歳のとき、その後の私の師匠となる藤本幸邦先生と知り合えたことがあります。

長野の篠ノ井に「円福寺」というお寺があるのですが、その寺の住職である藤本先生は、曹洞宗大本山永平寺の最高顧問まで務められた方で、かつ道元禅師没後７５０年の式典では一番の導師にもなられた人でした。

残念ながら11年前に99歳で亡くなられましたが、生前、藤本先生は、私をとてもかわいがってくれました。今でも私は、先生が始められた、世界で困っている子どもたちを助けるボランティア活動の東京事務局長をさせてもらっています。そうして先生との交流を深める中で、正しい生き方について教わることができたのです。

私自身、20代後半のときには仕事や人生に悩んだことがありました。本書でもふれていますが、苦手な上司がおり、その上司に振りまわされるうちに自分の考えが正しいかどうかが分からなくなってしまったのです。

そのとき私は、禅の本や仏教の本、儒教の本などを読み漁《あさ》りました。

藤本先生とは、とある会社の設立25周年パーティーでたまたま知り合いました。しかも、懇親会で私は偶然、先生の隣の席に座ったのです。

私に仏教や儒教の素養がある程度あったこともあり、そこでの会話を先生は、とても喜んでくれました。それがきっかけで、目をかけてくださるようになったのです。もしそのときのチャンスを生かせなければ、ご縁はそこで終わっていたと思います。

本書も同じです。本を手にとることもそうですが、実際に読んでみて、それをきっかけに実践し、継続できるかどうかによって、あなたの未来は変わるでしょう。

読者の中には、「これほど努力しているのに結果が出ない」「正当に評価されていない」と悩んでいる人もいると思います。けれど、それは単純に「正しい努力」をしていないせいかもしれません。あるいは、正しい努力とは何かを知っていても、積み重ねが足りない可能性もあります。

ポイントは、正しい努力とは何かを知り、それを積み重ねること。そして、常に反省し、学びを深めることです。正しい努力を積み重ねなければ、成果も結果も出せません。そのための学びをし、実践しなければ、いつまでたっても人間は変わらないのです。

ぜひ本書の内容を実践して、正しい生き方を身につけ、正しく評価されるための一歩を踏み出してみてください。

人はあなたの何を見ているか◉目次

はじめに　わずか1センチの差で世の中の見え方が変わる…002

第1章

「チャンス」の対の言葉は「準備」…019
うまくいかない理由を他人のせいにしていないか…020
相手のニーズに応えているか…023
マーケティングの視点を持っているか…026
「思考力」と「実行力」がベースにあるか…029
普段から準備ができているか…032
素直に学ぶ姿勢があるか…036

CONTENTS

「正しい考え方」を勉強しているか …039
あこがれる人がいるか …042

第2章 どんな状況でもすべてがチャンス …045

すべてをチャンスと捉えられるか …046
正しい生き方を学んでいるか …049
自分の能力を発揮する工夫をしているか …053
正しい価値観を持っているか …056
常に100点を目指して取り組んでいるか …060
社会のルールを認識しているか …064
正しい考え方を実践しているか …067

第3章

本質を理解する …071

「君子危うきに近寄らず」の本質 …072
「君子は和して同ぜず、小人は同じて和せず」…074
自分で言ったことを守っているか …077
昔からの友人がいるか …081
自分以外の人のことも考えられる …083
ぶれない心を持っているか …086

第4章

人の話を謙虚に聴く

人の話を謙虚に聴く …089
「志」を持っているか …090
本質に踏み込む姿勢があるか …092
スマホとユニクロで向上心をなくしていないか …095
人の話を聴く努力をしているか …099
謙虚に人の話を聴いているか …102
すぐに行動に移しているか …104
普遍的な価値観を身につける …108
世界を変える大きな意識があるか …111

第5章

最後までやり抜く習慣

最後までやり抜く習慣 …115
足るを知っているか …116
辛抱強く取り組んでいるか …119
やるべきことを習慣化する …122
他人の時間も大切にしているか …125
時間を最大活用しているか …128
変化する世の中への対応力を持っているか …132
自分だけの小さな幸せに浸らない …135
理想の人生を目指しているか …138

人より稼ぐ努力をしているか …141
他社でも通用する能力を身につける …144

第6章
一人前と一流は違う …149

スペシャリストを目指しているか …150
一流を目指しているか …152
「資格」を持っているか …155
何を勉強すればいいのかを見定める …159
質の高さにこだわっているか …163
全力でやる気をぶつけているか …166

考え方を変えるために今から行動する …169
背中で汗をかいているか …172
目標と目的の違いを理解しているか …175

第7章

「お客様が喜ぶこと」「働く仲間が喜ぶこと」「工夫」 …179

ストレスを抱えていないか …180
自己管理能力が高いか …184
付け焼き刃のアウトプットをしない …188
準備することを習慣化できているか …191
観察力を持って生活しているか …193

ギブ・アンド・テイクではなくギブを考える…197
情報のアップデートができているか…201
経営者視点を持っているか…204
「良い仕事」の三条件とは？…208
人間性を大事にしているか…211
切迫感を持って生きているか…215

あとがき…220

第1章

「チャンス」の対の言葉は「準備」

うまくいかない理由を他人のせいにしていないか

多くの人は、他人からどう見られているのかを気にしています。それが普通で、もちろんそのことに問題はありませんがそれが過度だと問題が生じることがあります。要はバランスが大切です。

とくに社会人であれば、上司や同僚、あるいは部下からどのように見られているか、またどう評価されているかを常に気にしており、それが普段の行動にも表れるものです。

他人の目を気にし過ぎると、「これをやってもいいのだろうか」「あれはやるべきではないのか」などと考えてしまいます。場合によっては、その人らしさを発揮できません。それが、結果や成果を出せない原因となっているかもしれません。

一方、他人の目はそれほど気にせず、それでもあなたが評価されるためには、自信を持つことが大切です。そのためには、単純にあなたの実力を上げるしかありません。

ここで「実力」と言いましたが、実力とは多くの人が評価してくれることです。

そのように考えていないと、うまくいかない理由を他人のせいや社会のせいにしてしまいます。うまくいかない人ほど、そうやって人のせいにしがちです。これは経営者から若手社員まで、すべての人に当てはまることです。

とくに私の場合、仕事柄、たくさんの経営者と接しています。そして5分ほど話してみれば、その人が経営者としてうまくいっているかどうかが分かります。見分け方は簡単です。うまくいかない理由を自分の責任にするか、他者の責任にするかを見ればいいのです。

たとえば、「今は景気が悪いから売れません」「部下の働きが悪いので厳しいです」「良い人材がいないので大変です」などと言っている人は、きっと経営もうまくいっていないでしょう。そこには、自分の責任や自分を変えるという発想がありません。

これは絶対の法則と言っていいと思いますが、「他人や社会のせいにするのではなく、自分の責任で自分を変えるんだ」と思えない人はうまくいきません。松下幸之助さんも言っているように、「うまくいったときは運が良かったと思え」「うまくいかなかったときは自分のどこが足りないのか反省する」という精神でなければダメなのです。

同様の記述は、先に紹介した『ビジョナリー・カンパニー2』にもあります。そこには、会社を飛躍的に成長させた経営者の特色として、「うまくいったときには窓の外を見て、失敗したときには鏡を見る」という趣旨のことが書かれています。

うまくいったときには、窓の外を見て自分が行ったこと以外のところに成功要因を求め、失敗したときには鏡を見て自分のどこが足りなかったのかを考えられる人が、会社を成長させるということです。

これは評価についても同じです。うまくいっていないのなら、自分の能力を疑い、実力を高めるように努力するべきです。ぜひ、うまくいかないときほど、自分のどこを改善すればいいのかを考えるようにしてください。松下幸之助さんや稲盛和夫さんの本を読んだり、成功している人をよく観察することもとても参考になります。

そのような改善の努力をすることなく、「うまく見せよう」「できるように見せよう」などと、プレゼンの練習ばかりしていても意味はありません。そんなものは、本当に実力のある人が見れば、付け焼き刃なのはすぐにバレてしまうのです。

相手のニーズに応えているか

本書執筆時点において、私は5つの会社の社外取締役を務めています。これまでも多くの会社の社外役員を務めてきました。そのうち4社が上場企業でしたが、その中のある会社において、著名なコンサルティング会社からプレゼンテーションを受けたことがあります。

私が社外取締役をしていたその会社の社長は、非常に能力が高い方で、役員らも同様に優秀な人が多くいました。それらの人々を前にしてコンサル会社の担当者がプレゼンをしたのですが、ものの5分もしないで「もうプレゼンは結構です」となってしまいました。

もちろんプレゼンをした人は、超がつくほど有名なコンサル会社の社員です。しかも、3~4名のチームを組んで訪問しており、プレゼンターは皆、超有名大学の出身者です。けれど、このときの社長をはじめとする役員へのプレゼンは、お話にもなりませんでした。

では、何が良くなかったのでしょうか。彼らの敗因は、私たちが求めているものをきちんと理解していなかったことの一点です。社長を含む役員たちは、斬新《ざんしん》な会社の将来像をつくりたかったため、従業員からは出てこないような、ある意味「奇抜」なアイデアを求めていたのです。

つまり、せっかく外部の人に頼むのですから、社内からは生まれてこないような発想、ひいてはワクワクして夢のあるようなアイデアが欲しかった。しかし、プレゼンをした人は、既存事業の延長線上にあるような案ばかりを提案していました。

単純に彼らは、私たちの気持ちをきちんと汲《く》んでいなかったのです。おそらく社内の企画部門とは十分なすり合わせをしたとは思いますが、それは経営陣の発想とは異なります。本来であれば、キーパーソンであるオーナー社長にアプローチし、社長が求めているものをしっかりと把握するべきでした。

そうすることで初めて、その会社が求めているものに寄り添えるのであり、提供するべき価値を提供できます。企画部門は、必ずしも社長が何を考えているのかまでは理解しておらず、いくら既存の発想を深掘りしても求めているものにはたどり着けません。

そのような失敗は、コンサル以外の場面でも起きています。

あらゆる仕事というのは、**相手が求めているものを理解し、適切に提供してこそ価値となります**。

それが、ビジネスパーソンに不可欠な考え方で評価の大前提なのです。

そして、そのような考え方をもとに、着実に行動していくこと。そのシンプルなことをどこまで愚直に行えるかが、その人の評価を左右します。難しく考える必要はありません。「相手のニーズを知り、それに応える」ということを、しっかりと実践していけばいいのです。

何事もそうですが、相手の立場にたち、相手の気持ちを汲まなければうまくいきません。当人の努力や頑張りは、それを前提にしていなければ意味がないのです。事実、相手の評価は、あなたの努力や頑張りを基準にはしていません。プロの仕事ならなおさらです。

求めているものがきちんと提供されているかどうかが大事なのです。すべてはそこで評価されます。そうした発想がないビジネスパーソンは、正しい努力ができず、また適切な評価もされません。

ちなみに、「相手のニーズを知り、それに応える」というのはマーケティングの本質そのものです。

マーケティングの世界で神的存在のフィリップ・コトラーは、「マーケティングとは人間や社会のニーズを見極めてそれに応えることである」と述べています。

評価を得る人になるとは、マーケティングの本質を理解することと同じなのです。

マーケティングの視点を持っているか

周囲の評価について考えるとき、「マーケティング」の定義を応用するとイメージしやすくなります。そもそもマーケティングの根本は、世間が求めているものを見つけ出し、それを商品やサービスとして提供することにあります。「お客さま第一」と同じです。

ときどき、「マーケティング＝営業」と勘違いしている人もいますが、それは正しい定義ではありません。本当にお客様のニーズに合った商品やサービスを提供していれば、営業活動は不要だとピーター・ドラッカーは言っています。

ニーズを的確に感じとり、それをお客さまが満足して買ってくれる商品・サービスにまで落とし込むこと。そしてその商品・サービスを、適切に提供すること。そこまでを含めてこそマーケティングなのです。

こうした発想は、社内外の評価にも応用できます。上司に評価してもらいたいのなら、その上司が何を求めているのかを知らなければなりません。営業活動であれば、相手の会社（社長）が何を求めているのかを、まず具体的に理解しなければならないのと同じです。

そのような姿勢がなければ、どれほど上手にアピールしても「もう結構です」となってしまいます。相手のニーズを掴んでいなければ、ただの自己本位なプレゼンにしかなりません。それでは評価されないのも当然です。

社内・社外にかかわらず、相手から評価されたいのであれば、きちんとマーケティングの視点を持つこと。つまり、相手のニーズを掴み、そこから商品やサービスなどの成果物に落とし込み、適切に提供することが大切です。

そのプロセスを疎《おろそ》かにしている限り、あなたが正しく評価されることはありません。言われてみると、当然のことのように思われるかもしれませんが、それができていない人が多いのです。

評価の先には、必ず相手がいます。そしてその相手は、あなたに対して何かを求めています。まずはそれを見つけ出してください。

そして、そのニーズにふさわしい商品やサービス、レポートなどをアウトプットしましょう。

そのアウトプットの段階では、プレゼンならプレゼンの、レポートならレポート提出の、伝え方の問題が出てきます。ただ、それ以前のことができていないのなら、まずは基本に立ち返ることです。まずは相手のニーズです。

そうした過程の先にあるアウトプットが、あなたに評価をもたらします。

「思考力」と「実行力」がベースにあるか

いわゆる〝ボンクラ上司〟のように、相手の能力が低過ぎる場合は、たとえあなたが正しい努力をしていても伝わらないことがあります。けれど、それは仕方ありません。それもあなたの運命です。そのような場合には、無理に評価されようとせず、実力を蓄えておくことも大切です。

松下幸之助さんの言葉に、「世間はあたかも神のごとく正しい判断力を持っている」というものがあります。つまり、一人ひとりの人間は間違うことがあっても、世の中全体としては常に正しい判断をするということです。

たとえば、本書を読まれている方のなかにも、どうしようもない上司のもとにいて、どれほど良い行動をし、どれほど良い結果を出していても、適切に評価されていない人もいることでしょう。

ただ、そのような相手（上司）のことで悩んでいても仕方ありません。むしろ、あなた自身の実力をきちんと養い、蓄えておけば、他所できっと評価されるはずです。その上司ではなく、あるいはその会社ではなく、別の上司、別の会社で評価されればいいのです。

「真の実力」とは、他社でもどこでも十分通用する能力のことを言います。

もちろんそのためには、基礎となる実力を備えておく必要があります。実力さえあれば、別の場所で必ず評価される日が訪れます。それが、「世間は神のごとく正しい」ということです。

この場合の実力とは、相手のニーズを知り、相手が求めるものを提供できる能力があるかどうかにかかっています。要するに、前述のマーケティング的な発想を持っていることが前提です。

そしてそのベースにあるのは、「思考力」と「実行力」です。

相手が求めているものと、自分に足りないものを理解する思考力。そして、それを提供するための行動力さえあれば、世間は神のごとく正しい評価を下してくれます。タイミングの問題はありますが、いずれ評価される日がやってきます。

そのように考えていれば、自分のやっていることが正しいかどうかも判断できますし、それが正しいものであれば、「このまま頑張ろう」という気にもなります。自分をその状態までもってこられるかどうかが重要なのです。

以前、ある経営者の方にお会いしたとき、「あなたの本を読んで人生が変わりました」と言われたことがあります。その人が読んでいたのは、私が書いた『あたりまえのことをバカになってちゃんとやる』（サンマーク出版）という本でした。

それを読んだとき、彼は深く感銘を受け、涙が止まらなくなったそうです。そうしてその日から、ひたすら努力を重ね、事業を拡大していきました。現在では、ある業界で日本一にまでのぼりつめています。

もちろん、私の本はきっかけでしかありません。その人は、正しい努力をしてきたにもかかわらず、適切な評価が得られていなかったのです。けれど、自分がやってきたことが間違っていなかったのだと確信できたことで、さらなる努力を継続することができました。

その努力が実り、やがて世間から、それこそ神のごとく正しい判断力によって評価されるようになりました。

彼はまたたく間に日本一となり、今では世界一を目指して邁進しています。この勢いがあれば、世界一は向こう5年ほどで達成されるのではないかと思います。

普段から準備ができているか

最近の若い方は、非常に頭が良い反面、テクニック的なことをたくさん知りたがる傾向にあります。それらは、インターネットで調べたり、動画を見たりして学んでいるのかと思います。

もちろん、テクニックも必要ですがそれだけで周囲から評価されるわけではありません。とくに、相手の地位が高いなど、できる人を相手にするほど、その傾向は強くなります。

たとえば、前述のプレゼンテーションのように、相手のことを考えていないと良い仕事はできません。その部分にこそ、仕事の本質が含まれているからです。その点、いくら頭が良くても、それだけでは通用しないのです。

ファーストステップとして、相手が何を求めているのかを知り、それを満たすことです。当たり前のことです。自分なりに努力しているだけでは、いつまでたっても評価される人間にはなれません。

相手から求められていることを理解し、評価されるだけの成果物をきちんと出すこと。そしてそのためには、自らの実力を高めることも必要でしょう。それが〝正しい努力〟の第一歩であり、求められる不断の努力につながります。


そして、セカンドステップは、普段から準備するということです。

私が東京銀行にいた頃。当時、留学するつもりはなかったのですが、国際業務が主力の銀行ですから、英語の勉強はしないといけないと考えていました。そこでその頃から、毎朝、NHKで放送されている英会話のラジオ番組を聴いていたのです。

そうした努力が英語力を高め、後の留学に結びついています。

「チャンスの対の言葉は準備」です。適切な準備をしていないと仕事はうまくいきません。

それがないと、正しい評価も得られないのです。

「地位は人をつくる」という言葉もありますが、それは正確な表現ではありません。正しくは、準備ができている人は地位を与えられ、その結果として伸びていくということです。他方で、準備ができていない人に地位を与えても結果など出せません。事実、「あなたは今日から巨人軍の4番を打ってください」と言われても、ほとんどの人が打てないでしょう。ボールはバットをかすりもしないはずです。準備ができていないのだから当然です。

仕事も同様です。いざとなればなんとかなると思っていても、なりません。だから準備を十分にしておくことが必要なのです。経営者になりたい人は経営者になるための正しい準備が必要ですし、エンジニアとして最高位を極めたいのならそれなりの勉強を常に続けておくことが求められます。

言い方を変えると、世の中は、そういう当たり前のことが分かっていなければうまくいきません。逆に、正しい努力を重ねていれば、周囲から評価されますし、なりたい自分にもなれます。ある意味、社会は公平でうまくできているのです。

コツとしては、少しずつコツコツと努力すること。ただ、10年、15年ほどかからないと評価されないものだけに取り組むのは、精神的にも大変です。他方で、その途中で資格試験を受けるなど、その時点での評価を得ることができれば、周りからの評価も高まり自信へとつながります。

そのようにして、ステップごとの成功体験が得られるような努力の仕方もあります。会社であれば、半年ごとに査定や評価などもあるはずです。どう評価されているかが分からなければ、率直に上司（立派な上司）に、どうすれば評価が上がるのかを聞いてみるのもひとつの方法です。

はっきりと教えてもらえなかったら、自分には何が足りないのかを聞いてみるのもひとつの手です。

素直に学ぶ姿勢があるか

繰り返しになりますが、実力もないのに世間から認められようとするのは間違っていますし、長期的に見るとうまくいきません。世間は「神のごとく正しい」のです。実力があるかどうかはあなたが決めるのではなく、世間が決めることです。また若い人であれば、直属の上司が決めるのかもしれません。いずれにしても、世間や周りの人の評価が、ある意味、あなたの実力です。

先にも話したように、私は21人ほどの小さな会社を経営していますが、お客さまに認められなければ何の意味もないと考えています。つまり、会社全体の実力です。いくら自分で「実力がある」と思っていても、お客さまが認めない限りダメなのです。

たとえば出版社であれば、本がメイン商材になるため、書籍が売れない限り実力があるとは言えません。世間が、その出版社が出した本の価値を認め、たくさん買ってもらえてこそ、出版社として実力があると言えるのです。

実例を挙げて考えてみましょう。以前、私は大阪毎日放送のテレビ番組に出演しており、多いときで3つか4つの番組を掛け持ちしていました。あるとき、そのうちのひとつから「オリジナル番組をつくりましょう」という話が出たことがあります。そのうちのお客さまがスポンサーをしていたこともあり、私が出演することになったのですが、その中にいた関係者のひとりがこう言いました。「視聴率をとれなくてもいいから、良い番組をつくりましょう」。

それを聞いて私は怒りました。なぜなら、その人が大きな思い違いをしていたからです。それで私は、「なぜ、良い番組をつくれば視聴率もとれると考えないのですか！」と言ったのです。

その人が言っている「良い番組をつくりたい」というのは、自己満足でしかありません。そんなものに意味はありません。そうではなく、視聴者が求めている良い番組をつくれば視聴率もついてくるのが当然、と考えるべきなのです。

また、別の事例として、懇親会で出会ったあるアパレル会社の女性社員がいました。その人はデザイナーだったのですが、「いくら頑張って良いデザインの服をつくっても、ぜんぜん売れないんです」と言って、泣き出しました。

私はそういう考え方は認めません。それで、「かわいそうだとは思うけど、売れないのはあなたの実力が足りないからです。良いデザインといっても、それはあなたが勝手にそう考えているだけですよ」と話しました。その女性はさらに泣きました。

厳しいようですが、世間に認められること、つまり評価されるには、その前提となる姿勢がなければダメです。テレビ番組でも、洋服でも、他にたくさん良いものがあるはずです。問題は、それらから学ぶ姿勢がないことです。世間に迎合しろと言っているわけではありません。世間や周りの人が求めているものを素直に、謙虚に考えてみるところからスタートすることが大切なのです。

人気があるもの、売れているものを素直に謙虚に調べてみればいい。そうすることで、自分には何が足りないのかが見えてきます。そのような発想を持ち、行動できるかどうかが、実力と評価の有無を分けるのです。

「正しい考え方」を勉強しているか

世間や周りの人は「あなたがいかに貢献してくれるか?」を見ています。会社であれば、その会社に対し、あなたがどう貢献しているのかを見ています。そして、その求めに対する貢献度が、あなた自身の評価へとつながります。

その際、「成果」と「結果」の違いを理解しておくことがとても大切です。

これはピーター・ドラッカーも言っていることなのですが、多くの人は、成果と結果の違いを理解していません。そのため、両者を区別できていない、混同している、あるいは間違ったまま使っていることがあります。

たとえば、本をつくる場合で考えてみましょう。文章の執筆やデザイン制作を経て、最終的に完成するものが書籍であり、それが「成果物」となります。これを「〝結果〟物」と表現する人はいません。つまり、世の中が求めているもの、お客さまが欲しているものは「成果」であり「成果物」なのです。

この成果物を別の言い方にすると「アウトプット」です。そのアウトプットに対し、世間や人々が価値を認めると、売上や利益も上がります。その売上や利益が「結果」です。要するに、成果（物）がもたらすものが結果ということになるのです。

繰り返しになりますが、あくまでも成果（物）がもたらすのが結果であり、その逆ではありません。そう考えると、成果（物）がなければ結果も得られないのは当然でしょう。この理解がないと、間違った行動をとってしまいかねません。

事実、一部の人は、結果だけを求めて行動しています。勉強もしないのに試験の点数ばかりを気にしているのと同じです。しかし、本来的には、成果（物）のレベルを上げれば結果は自然についてくると考え、成果のレベルを高めるための努力をするべきなのです。ピーター・ドラッカーも「組織のエネルギーと資源を正しい成果に集中すること」と言っています。

大切なのは「正しい成果」なのです。アウトプットです。**つまり「より良い成果（物）を生み出すために、まずは、全力でそれに取り組み、それにより組織や周りの人に貢献しなければならない」という発想です。**

良い本をつくれば、それが成果物となり、結果として売上も上がる（つまり、結果が出る)。その先にこそ、評価があるのです。

そうした正しい理解がないと、どれほど大きな会社でも傾きかねません。事実、かつて日本企業を代表していた東芝も、今では解体したり買収されたりしています。

東芝の社長は「3日間で120億の利益を出せ!」と言ったそうですが、それはまさしく、成果を見ずに結果ばかり求めていることの典型です。そういう考え方しかできない社長では、いくら名門企業でも先がありません。これは反面教師にしなければなりません。

やはり経営者たるもの、正しい生き方や考え方を勉強する必要があります。それがなければ、どれほど評価されようと、いくら頑張っても無駄なのです。これは、経営者だけでなくすべての社会人に言えることです。

他方で、正しい考え方を身につけ、それを実践できたならば、どんな人でも飛躍的に変わるチャンスがあります。

あこがれる人がいるか

実力をつけるには地道な努力、それも「正しい努力の積み重ね」が欠かせないことを言いました。そのためには、まず正しい努力とは何かを知ること。あなたの努力が、求められている成果や結果に結びついているかどうかを見極めることが大切です。

求められている成果物と、それがもたらす結果との違いを理解しているのであれば、「自分がどんな成果物を求められているのか」を知る努力からスタートします。また、それを実現するためには、さらにどのような努力が必要なのかも考えなければなりません。

それでは、具体的には何をすればいいのでしょうか。努力の仕方に関して言うと、良い成果物を出している人、あるいは良いアウトプットをしている人を参考にするのが正しい方法です。

まずは、その人を徹底的に真似することがスタートとなります。その前提は、その人や成果物にあこがれることです。

「守破離《しゅはり》」という言葉もあるように、最初は「守」です。うまくいっている人のやり方をきちんと踏襲すること。うまくいっている人や世間から評価されている人をよく観察し、できればその人にあこがれながら、しっかり真似するようにするのです。

うまくいかない人の大半は、あこがれるべき人を見つけていません。なぜかというと「素直」でないからです。

そういう人ほど変にひねくれていて、インターネット上で批判ばかりしているものです。そのような人は、何をやってもうまくいきません。

松下幸之助さんも言っているように、「素直」が一番大事です。うまくいっている人にあこがれて、その人がやっていることを素直に真似すること。それだけでも、ある程度の水準までは到達できます。そんなに難しい話ではありません。

誰もしていないことをするのは大変ですが、ほとんどのケースは、誰かがしていることを同じように実施しているだけです。誰もしていないことをする場合でも「基礎」が大切なことは言うまでもありません。とにかく、うまくいっている人を真似することから始めるべきでしょう。

私が出版社の人に言うのは「売れている本を研究していますか？」ということです。編集者の多くは、地頭が良いということもあり、自分の頭で考えて独自のものをつくろうとしがちです。でもそれは先ほどのテレビ局の人同様、単なる独善の場合が少なくないのです。そういう人は、ベストセラーを出せません。

けれど、ベストセラーを出している編集者の多くは、売れている本をきちんとリサーチしています。売れ筋の本をチェックし、データを集め、そこからどんな本をつくるべきなのかを考えているのです。

それもまた、「うまくいっている人の真似」と同じです。どんな仕事でもそうなのですが、突き詰めると、まずは他社がやっていることを他社よりうまくやればいいだけの話です。

そのためには、素直にあこがれて、それを真似してやってみることです。それが、正しい努力です。そうしてその先にこそ、「破・離」、つまり、応用や独自のアウトプットがあるのです。

第2章

どんな状況でもすべてがチャンス

すべてをチャンスと捉えられるか

他人から評価される人は、土台となる思考力や行動力、さらにはマーケティング的な視点などを持つための、「正しい努力」を積み重ねています。そのため、周囲からも能力を認めてもらいやすく、社内でも昇進・昇格できるケースが多いのです。

私自身の経験をお話しすることにします。

私の銀行員時代というともうだいぶ前のことになりますが、いま振り返ってみると、私はある程度の「正しい努力」はしていたように思います。苦労もありましたが、最初のうちはどの行員でもできるような仕事をするので、さほど高い能力が求められるわけでもなく、そのときにやるべきことをやってきたことが評価されたのだと考えています。

たとえば、こんな話があります。入行4年目の7月、私は会社から命じられて米国ダートマス大学経営大学院に留学しました。私自身は、もともとは留学をそれほど望んでいたわけではありませんでした。

留学した私は現地でMBAを取得し、2年後には日本に帰国しました。そして配属されたのが、「システム部」という部署です。

システム部は、主に銀行のシステムをつくっています。しかし当時は、その部署自体があまり評価されておらず、出世部門でもありませんでした。いわば〝縁の下の力持ち〟のような存在であり、少なくともエリートが行くところではなかったのです。

ただ、当時の銀行の方針が、その年に留学から帰国したうちの一人をシステム部に配属させるというものであり、その一人が私だったのです。

それでも私は、システム部に配属されたことをラッキーだと考えていました。

理由としては、シティバンクの当時のジョン・リード会長がシステム部門の出身だったことです。その事実を知り、「銀行はシステムの塊だ。だからいずれ、システムが分からなければ出世できない時代が来る」と考えたのです。さらに、私はもともと運命を受け入れる性格でした。そして、やるならとことんやってやろうと思い、当時、最も難解と言われた「情報処理技術者特種」試験に挑戦し、合格しました。その頃、システム部では1000人ほどのプログラマーを外注として雇っていました。けれど、その資格を持っているのは行内では私ともう一人だけだったのです。そのため、私はエンジニアからも一目置かれることとなり、彼らと対等以上に話をすることができました。難解な国家資格を持っているだけで、相手からの尊敬の眼差しはおおいに変わるものなのです。

「そんな資格を取ったら一生システム部門だよ」と、いらぬ忠告をしてくれる先輩や同僚もいましたが、そんなケチなことを考えている人ほど出世しなかったのも事実です。

つまり、**どんな状況に置かれてもすべてがチャンスなのです**。

そして、当時の経験は今もいろいろなところで生きています。

たとえば、いろいろな会社の役員会に出ると、とくにシニアの人たちはシステムのことが分かりません。そのため多額のシステム投資をする際も「相見積もりはとったのか？」ぐらいの意見しか出ないのです。

一方で、私はシステムというものがどんなものかが、ある程度は分かります。

また、システム部時代には、時間があったこともあり、「証券アナリスト」の資格（日本証券アナリスト協会検定会員）も取得しました。そのような努力は、行内でも評価されるようになり、かつその後のキャリアにもつながっています。

正しい生き方を学んでいるか

銀行員時代はいいことばかりだったわけではありません。

たとえば当時のシステム部には、「ヒラメ」と呼ばれる上司がいました。なぜヒラメなのかというと、目が上にしかついていないからです。つまり、上役のご機嫌ばかりうかがって、部下のことは何ら配慮しない人だったのです。

そのヒラメ上司の言うことは、理不尽な内容が多くありました。ただこちらとしても、まだ人生やシステム部門での経験が浅く、その人の言っていることが正しいのかそうでないのかの判断ができません。また、一時期は企画室という部門も兼務していたのですが、その部門の上司にあたる人の中にも理不尽なことを言う人がいました。サラリーマンの多くは、このような「理不尽」のはざまで悩んでいるのではないでしょうか。

さて、そこで私はどうしたか？　そう、生き方の勉強をしたのです。救いを求めていたということもあるでしょうし、また、その上司たちが正しいのか正しくないのかを判断する基準を見つけようとしていたのかもしれません。

具体的には、論語や仏教、さらには中国古典のひとつである『菜根譚《さいこんたん》』（洪自誠《こうじせい》）などを必死になって読みました。私が読んだのは守屋洋さんが注釈を加えた本だったのですが、それこそ何十回も読み返しました。それが、二十代後半の私の学びでした。

私自身、ネガティブな状況にあったからこそ読んでみたのですが、私の性格上、そこから何かを得たいという気持ちが強かったのだと思います。ただ、その当時の学びが、その後の自分の人生におおいに役立っていることは間違いありません。

一番いいのは、若いうちに正しい生き方を学ぶことです。私は嫌なことがあったのが学びのきっかけでしたが、もちろんそうでなくてもかまいません。戦前は「修身」などの授業でそうした事柄を学ぶ機会もあったのですが、現在はそれもありません。

その代わり、小手先の理論やプレゼンのコツばかりを教えています。

そのような授業があふれているからこそ、若い人の多くが、小手先のテクニックだけで生きていけると勘違いしてしまっているのです。そのような人のほとんどは、根本的な思想や正しい生き方を知らないばかりか、教わる機会もないのです。

もちろん「技」も必要ですが、それだけでは長続きしません。それに、「技」は、場合によってはお金で買う（雇う）こともできますし、将来はＡＩがそれに取って代わるかもしれません。

稲盛和夫さんがおっしゃる通り、**「ビジネスも人生の一部」ですから、人生そのものを正しい生き方で充実させ、成功させることが大切だと私は確信しています。**

一方で、ビジネスで大成功している人ほど、正しい考え方を身につけているものです。私は長くコンサルタントをしてきて、そのことをつくづく実感しています。当然、成功している人たちは勉強もしています。自然には身につけられないからこそ、正しい生き方を勉強し、それを自らの人生に生かしているのです。

もちろん、良い両親や優れた先生に恵まれた人であれば、ある程度はそういった勉強ができていると思います。そのような人は、人生の中で生き方を学び、実践し、それによって周囲からも評価されているはずです。それでも、勉強や修練は必要です。放っておいては、人間は易《やす》きに流れるものだからです。

残念ながら、大多数の人は、道徳などの授業をきちんと受けておらず、正しい生き方を学んでいないためうまくいきません。どう生きるべきか、どう考えればいいのかが分からないのです。

だからこそ、小手先の理論やテクニックだけではなく、根本的な生き方を学ぶことが大事なのです。

具体的には、『論語』や仏教書などを読むのがいいでしょう。キリスト教の聖書でもかまいません。私が『論語』を学んだきっかけは、安岡正篤先生の『論語の活学』(プレジデント社)でした。今でもファンの多い名著です。

最初から、論語や仏教書を読むのは難しいというのであれば、稲盛和夫さんの『生き方』(サンマーク出版)や松下幸之助さんの『道をひらく』(PHP研究所)がお薦めです。

私は『道をひらく』を東京にいるときは寝る前に必ず読んでいます。もう30年続けているので、おそらく同じ本を150回は読んだと思います。良い本を何度も何度も読むことが大切です。

自分の能力を発揮する工夫をしているか

会社の中でも、きちんと評価される人がいる一方、評価されにくい人もいます。その違いを生む要因としては、いくつかのポイントがあります。やはり「実力」が必要ですが、「才能」に左右される部分も少なからず存在します。

たとえば、私が銀行員時代に所属していたシステム部門の仕事では、多大な時間や労力をかけたとしても、それほど時間をかけていない場合と同じ結果が出ることがあります。具体的には、1万ステップのプログラムを書いたとしても、わずか100行のプログラムと同じ結果が出ることがあるのです。

私はプログラミングはできませんが、プログラマーたちに指示する役目を担っていたので、仕様の書き方やロジックをどうするのかによって結果が大きく変わることは理解していました。それはすなわち、才能の差であり、かつ実力の差なのです。

また、留学前には為替の仕事もしていました。具体的には、外国通貨の売買です。「ディーラー」の見習いのようなものでしたが、この仕事は性質上、非常に運動神経が求められる業務でした。

それこそ、多いときには一日に7円もドル円相場が動いたことがあります。顧客からの注文を、その通貨を売買しているディーラーにつなぐのですが、一つの取引で多いときには1000万ドル程度の売買を数秒のうちに行うこともあります。相場が動いているときは、ものの数秒で、数百万円、数千万円の損をすることもあります。ですので、売り買い注文を間違えたり、先物《さきもの》の計算を間違ったときなどには、本当に大変なことになってしまいます。

その頃は電話しかなかったため、「売り」なのか「買い」なのかを、独特の言い回しから理解してつながなければなりません。

そんな中で、一緒に仕事をしていたある女性が、ある航空会社からの香港ドルの注文を間違えてしまったことがあります。売り買いを間違えて伝えてしまったのです。

このようなミスは、場合によっては数千万円規模の損失につながります。通貨によって売り買いを指す言い方が違う場合があり、とてもややこしいのです。

そうした仕事は能力差が出ます。一方で、事務処理等の部門はそれほど能力差が出ません。要するに、ある程度は能力がないとできない仕事もあるし、それほど差が出ない仕事もあるのです。

ちなみに、私が銀行で最後に担当した業務はM＆Aに関するものでした。当時は、まだバブルの余韻が残っていた頃です。日本企業が海外の企業を買ったり、逆に海外企業側のアドバイザーになったりしていたのですが、その仕事でも結構、能力差が如実に出ていました。

語学力も必要ですが、それだけでなく、勘のようなものが重要なのです。勘を働かせて、相手が売らないと言っているものをどう買収してこれるかが勝負となります。ある意味では、無理なことをやるのがM＆Aの仕事です。

もちろん折衝能力も必要です。相手が米国企業なら、それを英語でやるわけです（留学時よりも、英語の能力が上がりました。必要は発明の母ですね）。

でも、上手に交渉すれば相手と買収交渉を成立させることは可能です。それを、自らの能力を発揮してできるかどうかによって、他と差が生じるわけです。

もちろん、ひとりだけでできる仕事ではないので、ニューヨークやカリフォルニアにいる先輩や同僚、そして、東京の私が所属した部署の上司にもおおいに手助けしてもらいました。

助けてもらえることも能力のひとつです。私としては、そのような中において自分なりに頑張って、なんとか結果を出してきたのです。

正しい価値観を持っているか

もちろん銀行員時代にも、優れた考え方を持ち、素晴らしい生き方をしていた人はたくさんいました。

たとえば、名古屋支店にいたときに為替課の課長をしていた河野靖夫さんは、私を

「おもろそうだから」といって為替課に呼んでくれた人です。

当時の東京銀行では、為替のディーラー、それもドル円のチーフディーラーになるということはまさに〝神〟みたいなものでした。その部署に、サンフランシスコ支店から帰ってきて課長に就任していた河野さんが、私を引き入れてくれたのです。

けれど、最初のうちはなかなかうまくいきませんでした。そんなある日、河野さんに誘われて、夜、二人で飲みに行きました。そこで言われたのが、「お前、留学しろ」ということでした。入社して3年目になるかならないかぐらいの頃だったと思います。

私は「河野さんみたいに為替のディーラーになりたいんです！」と言ったのですが、彼は「これからはそういう時代じゃないよ」と言いました。海外にも行っていたこともあり、先を見越していたのだと思います。

ちなみに河野さんは、MBA（経営学修士）をとるのはいいことだと言って、面倒くさいと考えていた私の代わりに、人事部に留学のための申込書を私に相談なしで出してくれていました。その結果、同期で5人の枠しかなかった留学にも行くことができたのです。

また留学については、支店長からの推薦が重要なのですが、その際には支店長付きの運転手さんにも大変お世話になりました。

当時、重要書類をもらってくるときなど、若手社員も支店長車にひとりで乗ることがあり、そこからこの運転手さんとの付き合いが広がりました。その運転手さんには、同じテニス部だったこともあり、飲みに連れて行ってくれたり、ご自宅に招いてくれたりなど、非常にかわいがってもらっていたのです。

その理由を考えてみると、支店長車はトヨタのセンチュリーだったのですが、みんなは後ろの席に座ります。私は、お世話になっていましたからね、遠慮していつも前に座っていました。その姿をみて「かわいいやつだ」と思ってくれていたのかもしれません。また、隣の席にいると会話も弾みます。

支店長には、何百人と部下がいて、とくに新入社員のパフォーマンスなどは分かるはずもありません。それでも、運転手さんから「小宮はいいよ」と聞いていて、それで私を推薦してくれたのではないかと思っています。

その他にも、立派な上司はたくさんいました。私が銀行員時代の最後に従事したM&A業務は、ディール（取引）が成立していくらの仕事です。つまり、当時は銀行の中でも珍しい手数料ビジネスでした。

一件当たりの手数料は非常に高く、安価なものでも数千万、高いものだと数億円単位となることがあります。しかし、ディールが成立しなければ手数料はほぼゼロです。そのため、どうしてもディールがしたい、となりがちです。東京銀行は当時、収益には比較的甘い銀行で、別にノルマなどはありませんでしたが、それでも本能的にディールを完了させたかったのです。

そんなある日、海外の会社を日本企業が買収するという話がありました。その中で、日本企業に不利な情報が出てきたのですが、こちらとしてはどうしてもある日本企業に買ってもらいたかったのです。それで当時の幸島部長に「情報を開示すべきでしょうか？」と相談すると、「お前、そこまでして儲けたいのか？」と言われました。

私はショックを受けました。なぜなら、銀行の仕事は金儲けをすることだとばかり考えていたからです。

私はその言葉を聞いて、目覚めたような気がしました。立派なことを言う人だと思ったのです。

なぜなら、私が儲ければ最終的には部長の評価になるはずなのに、彼は、ぶれるこ

となく正しい価値観を優先していたからです。

私は「その通りだ」と思い、お客さまに情報を開示しました。最終的にはディール も成立したのですが、それ以上に、私は立派な対応がどういうものかをこのとき学ん だのです。

そのように、私を陰で支えてくれた人がいたり、重要な学びを与えてくれたりした 人のおかげで、今の自分があるのだと思います。

常に100点を目指して取り組んでいるか

私がいた頃の東京銀行は、入行に関してはいわば〝指定校制度〟のようなものがあり、「東大から何人採る」「京大から何人採る」といった慣例があったように思います。

その他、一橋大学、慶應義塾大学、早稲田大学など、優秀な大学を出た人間がたくさんいました。

ただそうなると、なかには変な自信を持って入ってくる人も含まれてきます。単にいい大学を出ただけで能力があると勘違いしている人です。もちろん優秀な大学を出た人には優秀な人も多いのは事実ですが、そうでない人もおり、そのような人ほど知ったふうに語るものです。

とくに若いうちは、そのような人に騙《だま》されないように注意する必要があります。

たとえば、かつてある先輩から「出世しようと思ったら80点ぐらいの仕事をたくさんやったほうがいいよ」と言われたことがあります。当時は「そんなものかな」とも思ったのですが、今ならそんな働き方をしても誰も評価してくれないと分かります。

事実、100点の仕事をしたと思っていても、周囲からすると80点、あるいは70点ということがたくさんあります。若いうちはとくにそうです。それなのに、自分が80点だと思うような仕事を積み重ねても、それらは世間のレベルから見ると、及第点にすら達していないかもしれません。

やはり若い頃ほど、徹底することの大切さを理解するべきです。

私はそれを「一歩踏み込む」と表現していますが、正しい考え方ができていないと「80点をたくさんとればいい」などと、間違ったことを平気で言ってしまいがちです。

やはり、基本的な生き方の勉強をしていないと、何が正しいのかが理解できないのだと思います。ちなみにその先輩は、当然のごとく出世しませんでした。これまでお話ししてきたことを踏まえて考えれば、当たり前の結果と言えるでしょう。常に100点を目指すのです。

「100点を目指すと時間がかかってしまう」と言う人もいますが、だからといって80点でいいわけがありません。スピードが遅いのなら、仕事の速度を上げて、100点の仕事を速くできるようにすればいいのです。

大切なのは、100点を目指してすぐに始めることです。まずはスタートすればいい。始めさえすれば、半分は終わったも同然です。

英語のことわざに「Once done is half done」というのがあります。だからまずは、スタートすること。

ただ、スタートしただけではまだ半分しか終わっていません。その状態では誰も評価しないでしょう。始めただけで終わりにしてしまうと、誰からも評価されないのです。だからこそ、最後までやるための忍耐力や実力がいるのです。中途半端なのは最悪です。

スポーツもそうですが、中途半端なことをすると怪我をするだけです。常に全力でやらなければなりません。相撲でも、適当な立ち会いをすれば相手に叩き潰されます。適当に仕事をする癖をつけてしまうと、ろくなことにならないのです。

時間がかかるのなら、速くやる方法を考えればいい。完璧にできた状態をある程度経験してから、それを速くする方法を考えていけばいいのです。

私も本書執筆時点で月に11本の連載を抱えていますが、それ以外にも書籍やメルマガなども執筆しています。メルマガは、1200文字を15分ほどで書き上げます。新幹線の車中で書くことが多いのですが、東京駅から出て新横浜に着くぐらいには完成しています。

以前はもちろんそんなに速くは書けませんでした。でも、多くの文章を書いているうちに、書くスピードが上がっていったのです。

もちろん、座席についてから「さて、何を書こうか」などとは考えません。事前に書くことをあらかた決めています。そうしないと速く書けるはずもありません。私自身、長い時間をかけて書くスピードを上げてきたのです。

社会のルールを認識しているか

私は1995年に独立し、仲間とともに社員3人の会社を立ち上げました。それまでは大きい会社から小さな会社まで様々な組織で働いてきたのですが、時に「会社の論理」や「組織の論理」が優先されるときもありました。

当然のことながら、世の中には〝物の道理〟というものがあります。しかし、とくに大きな組織ほど、社会ではなくその組織の論理が優先されがちです。組織自体に、その会社として生存したいという本能があるからです。

また、その会社を動かしている上層部も、その組織の論理に従っていたほうが楽ですし、自分たちにとっても有利に事を運べることも少なくありません。その点、愛社精神が強ければ強いほどその組織が絶対的なものとなり、社会の論理との違いも生じてきます。

たとえば私は、30年以上前のことですが、ある大手証券会社の子会社の社長に会ったことがあります。初対面だったのですが、彼は、会っていきなり「私はもともと本体の証券会社の副社長をしていたのですが、〝トバシ（粉飾決算の一種）〟で留置場に入ったことがあるんですよ」と自慢気に話したのです。

普通の人であれば、まずそんな恥ずかしいことは言いません。でも、彼からすると、「会社のために働いた」という自負があったのでしょう。そのために、初対面の私に対して、留置場に入ったことを愛社精神の表れとして自慢したのです。

しかしピーター・ドラッカーが言うまでもなく、法律というのは、「世の中の人が平和に暮らすために、最低限、守らないといけないルール」のことです。

今はもちろん違うと思いますが、かつてのその大手証券会社には、社会のルールよりも優先する自社の論理があったのかもしれません。

そこまでではないにしても、組織の論理や組織の価値観を優先する企業は今でも存在しています。そして社員の多くは、それらに流されています。あるいは、自分が生き残りやすい方向へと自然に向かってしまうのです。

組織の論理は、言わば「ローカルルール」のようなものですが、良い会社ほどそのローカルルールを社会のルールに合わせています。ＳＤＧｓなどは、まさにそうした流れでしょう。けれど昔は、環境を無視してでも、公害を出してでも、成長を指向していた企業もあったのです。また、社会もある程度はそれを容認していた時期もありました。

そして、残念ながら、望ましくないローカルルールは未だに残っています。それらに対し、大きな視点、つまり社会全体から考える視点でものを考えられなければ、今の時代の企業は生き残れません。ローカルルールを押し通そうとする会社は、淘汰《とうた》される運命にあります。ルール違反に対する社会の目が厳しくなっているのです。あなた自身も厳しい目を持つことが必要です。

ブラック企業などの問題もそこにあります。これまで、社員にとっては、その会社のルールが〝法律〟だったのかもしれませんが、もはやそれは通用しません。

そのような独自ルールをおかしいと思えるかどうかで、あなたの未来も変わります。

正しい考え方を実践しているか

稲盛和夫さんは成功の方程式として「考え方×熱意×能力」とおっしゃっています。もちろん、物事を成功させるには、熱意（エネルギー）が必要です。能力も必要なことは言うまでもありません。

評価はいつの時代もなされており、そのこと自体は変わりません。他方で、時代によって変わるのは、「求められる能力」です。たとえば現代であれば、「パソコンは使えません」となると、オフィスワークのほとんどができないことになります。

また、場合によっては、語学力が必須の業務もあるでしょう。あるいは、会計や財務、マーケティング、さらには戦略論も含めた経営の話ができなければ、周囲から評価されない仕事もあります。

かつては、社内のルールに従うことによって、ある程度までうまく立ち回れた人もいたかもしれません。しかしそれは、社内のルールが評価の対象だった頃の話です。

たとえば「あいつに頼めば、社内の○○さんを動かせる」などというものです。ただ現代では、求められている能力自体が変わりつつあるため、そのようなスキルが通用するとは限りません。

つまり、かつての能力がそのまま評価されることはないのです。

少なくとも、その点は認識しておくべきでしょう。

それは、「相手の立場から求められていることを考える」「社会が求めているものを知る」ことにもつながります。専門職として成功したいのなら、必要とされている能力を見極め、そのために必要な実力を高めていかなければなりません。

たとえば経営者になりたいのなら、経営をするための正しい努力について勉強する必要があります。私がよく言うのは、その人の年齢にかかわらず「経営者は3つのことを勉強してください」ということです。

1つ目は、新聞を読むこと。

とくに新聞の大きな記事は必ず読むこと。「会社」という字は「社会」という字を上下に入れ替えたもの。社会の動きを知らなければ経営なんか絶対にできません。そのために、新聞の大きな記事をリード文だけでもいいので読むことを勧めています。

2つ目は、ピーター・ドラッカーをはじめとする経営の原理原則を勉強すること。

まずは、私の著書でもかまいません。柳井正さんの『経営者になるためのノート』（PHP）も秀逸です。ゴルフのスイングに原理原則があるように、経営にも原理原則があります。それを学ぶことを推奨しています。

3つ目は、何千年もの間、多くの人が正しいと考えてきたことを学ぶこと。

具体的には、仏教書や『論語』などから学ぶのです。キリスト教の聖書でも、もちろんいいでしょう。

本書においては、これから何度も述べますが、正しい考え方や生き方を学んでいなければ、正しい判断もできません。とくに経営者にはそれが欠かせません。

先に稲盛さんの「考え方×熱意×能力」の話をしましたが、稲盛さんは考え方と能力はゼロから100点までだが、考え方はマイナス100点からプラス100点まである、とおっしゃっています。

いくら熱意や能力があっても、正しい考え方を持っていないと、大きなマイナス点になってしまうのです。そのためにもプラスになる考え方が必要で、それは、ここで挙げた何千年もの間、多くの人が正しいと考えてきたことを学ぶことによって得られるのです。

この3つのことを積み重ねていかなければ、経営者としての、ましてや社会人としての実力は上がりません。会社に長く勤めていれば経営の感覚も自然と身につくと思っている人もいますが、決してそうではありません。

経営という仕事は、製造や営業、人事とも経理とも違う別の仕事なのです。

営業が他の人よりできても、役員にはなれるかもしれませんが、経営者として活躍できるとは限りません。それは別の話です。

経営の本質は「企業の方向づけ」、「資源の最適配分」、「人を動かす」ことです。

とくに大事なのが「方向づけ」で、それはすなわち「何をやるのか、何をやめるのかを決めること」です。

何をやるのか、何をやめるのかによって、結果は大きく変わります。まさに方向づけが経営の8割だと私は考えています。その能力を高めるために、経営者には先に挙げた3つの勉強は欠かせないのです。

第3章

本質を理解する

「君子危うきに近寄らず」の本質

私が人と付き合うときには、「君子危うきに近寄らず」の精神で、できるだけ危うい人間には近づかないようにしています。

私が、「あなたは人の何を見ているか」と聞かれたら、少なくとも、「自分の得になるか・損になるか」という見方はしません。人間としていい人かどうかを見ます。そのため、私の見方は、普通の人とは違うかもしれません。

そのベースにあるのは先に話した「何千年もの間、多くの人が正しいと考えてきたこと」です。私の場合は師匠の曹洞宗の藤本幸邦老師のお考え、書物ならば『論語』のことが多いと思います。

論語などをベースにすると、自分の生き方もそうですが、他人に対しても見間違わないようになります。多くの人が正しいと言ってきた考え方が軸となっているため、自分も他人も、正しく評価できるようになるのです。

そもそも、人の人生は誰と付き合うかによって決まります。そのことは、「親しく付き合う5人の平均になる」とも言われています。

会社の成長のためには、誰を採用するかが非常に大きなポイントになります。そのため、もちろん能力的な部分も見ますが、もっとベースのところ、「人として大丈夫か、危ない人でないかどうか」を見ることが求められるのです。

危ない人と付き合っていたら、自分もそのような人になってしまうかもしれません。会社もまた同様で、危ない人が与える影響は多大です。

そうならないように、その人が危うくないか、正しい人かどうかを見極めることが大切です。そこで私は、論語や仏教書などから学んだことを応用し、適切に人を見るようにしているのです。

信用できない人の典型を、ここでは誰にでも迎合する人を挙げます。

論語には「郷原《きょうげん》は徳の賊なり」という言葉があります。その意味するところは、「にせの道徳家（八方美人な人）と付き合えば自身の徳を失う」というものです。

安岡正篤先生はそのような人を、「田舎の紳士」と表現しています。田舎は社会が小さいため、みんなと仲良くしようとして、誰にでもいい顔をしなければなりません。

けれど、そういう人は大抵、信用のおけない人で、そういう人にちやほやされると自身の徳を失うのです。

自分の考えをしっかり持っていれば、いい加減に生きている人とぶつかるのは当然です。うまく生きようとするだけでは、本当の意味で正しい人間にはなれません。少なくとも、私はそのような人と深く付き合おうとは思いません。

「君子は和して同ぜず、小人は同じて和せず」

論語には、「君子は和して同ぜず、小人は同じて和せず」という言葉があります。立派な人は、他人と和《なご》やかに接してもむやみに同調することなく、主体性を失いません。そうでない人は、すぐ他人に同調してしまうということです。

「付和雷同」という言葉もあるように、むやみに他人の意見に同調したり、よく考えずに他人の意見に迎合したりする人は、信用されません。それは、自分の考えを持っていないのと同じだからです。

私は、自社のコンサルタントたちに対してもよく「お客さまをヨイショするな、お客さまにおもねるな」と言っています。もちろん、良い部分があれば「いいですね」と言ってあげていいのですが、ダメなことを「ダメです」と言えない人間はコンサルタント失格です。

コンサルタントは企業に雇ってもらってナンボの商売です。けれど、ダメなことをダメと言えないコンサルタントは、結局担当する会社をダメにしてしまいます。私自身、とても良くないことに接したときに、「ふざけるんじゃない」と言って、その場で役員を辞めたことが二度ほどあります。

ですので、重要なのは、ダメなことをダメと言えるかどうかです。

中には、いわゆる〝太鼓持ち〟のようなコンサルタントもいますが、これは最悪です。言うべきことを言わず、クライアント先をダメにすることで稼いでいるからです。

同様の事例は、税理士にもあります。

税理士も、コンサルタントと同じように雇ってもらってナンボの商売です。ですので、よほどの実力がある人でない限り、社長に厳しいことを言えない場合が多いのです。けれど、たとえば社長が会社と自分のお金を公私混同しているような場合、そのことを、誰よりも先に見抜いているのは税理士のはずです。

伝票を見ていれば、それは分かるはずです。しかし、そのことを言えないまま放置してしまう。中には、粉飾を手伝う人すらいます。そうなったら双方とも終わりです。短期的にはなんとかやれても、長期的には難しいでしょう。やはり、言わなければならないことは、きちんと言うべきなのです。

私自身の経験としては、かつてこんなことがありました。

あるとき、私が役員をしている会社へ行き、社長と幹部と3人で話をしていました。その話の中で、私がその会社に紹介したお客さま（ある会社の社長）の話が出たのです。私が紹介したその会社は、それなりの規模で業績も良かったのですが、役員をしている会社から「どうしても」と頼まれたので紹介していました。

話しているうちに、訪問先の会社の社長が、私が紹介した会社の社長のことを「あのバカは」と言ったのです。

それには理由がありました。提案したことが先方の反対にあって通らなかったようなのです。自分の言っていることが通らなかったから、先の発言になったのです。

一回目は私も聞き流しました。けれど、その社長は再度同じことを言いました。当然、私は許しません。「お前のほうがバカだろう」と言って、その場を立ち去りました。そうして二度とその社長と会うことはありませんでした。

後日、私の会社に謝罪に来たそうですが、私は一回見切ったら終わりです。謝ればなんとかなると思っていること自体が間違いなのです。そのように安直に考えているから間違うのです。こちらから紹介していて、しかも業績の良い企業の社長をバカ呼ばわりする人などお話になりません。

自分で言ったことを守っているか

約束を守れる人間かどうかという判断は、必ずされていると思っていたほうがいいでしょう。

私は人と約束をした場合には、手帳にメモをとるようにしています。それも「本を差し上げる」、「食事をする」といった小さな約束をする場合にこそ、メモをとるようにしています。なぜなら小さな約束ほど忘れてしまいがちだからです。

私は常に、根本的なところで人を見るようにしています。その一番目は「この人は、言ったことを守る人かどうか」です。

もっと言うと、幼稚園のときに、先生やお母さんに言われたことを大人になってもきちんと守っているかどうかです。「嘘をついてはいけない」「借りたものは返しましょう」など、当たり前のことができているかどうか。それが大事です。


そして、**とくに重要なのは、「言ったことを守る」ということです。**

信用の「信」という文字は、「人の言葉」と書きます。つまり、人から信用を得ようと思ったら、自分の言ったことを守らなければなりません。どんなに小さなことでも、自分で言ったことは守ることが大事です。

何気なく「子どもをどこかへ連れて行こう」「誰々と飲みに行こう」などと話すこ

とがありますが、誰に対しても言った以上は必ず守ること。相手はそれを期待しているかもしれないのです。

会社を潰した経営者の中には、「銀行から借りたお金なんて、相手も商売で貸しているんだから、返さなくたっていいんだよ」などと言う人もいます。そのような人には、「あんたは、自分の子どもや孫にもそう教えるのか！」と言うようにしています。そもそも、そのような人とは付き合わないほうがいいでしょう。私は絶対に付き合いません。

もちろん、会社を潰すかどうかは時の運もありますが、潰した上に、世間に唾するようなことを言っているような人間はどうしようもありません。

お金を貸してくれた人に対してなかなか返せないでいても、誠実に謝っていれば、また何かあったときには助けてもらえるかもしれません。しかし、貸してくれたものを「返さなくていい」などと言ってしまう人は、人として論外です。

「そんな人がいるのか」と思われるかもしれませんが、わずかですが実際にいるのです。そんな人と付き合ってもろくなことにはなりません。

ですので、難しく考える必要はありません。たとえば、先に紹介した私の著書『あたりまえのことをバカになってちゃんとやる』のタイトルにもあるように、やるべきことをきちんとやっているかどうかだけです。それが、人間としてのベースだと私は思います。

私も、子どもができて親になったとき、「自分ができないことは、子どもに言えないな」と思いました。大抵の大人は、子どもに「勉強しろ」と言いますが、それを言う前に、自分が勉強し続けていなければなりません。

コンサルタントの中には、本に書いてあることを、自分はやらずにそのまま右から左に伝えて「頑張ってください」と言っている人がいますが、相手はきっと「あんたこそ頑張れよ」と思っているはずです。

やはり、信用を得るには、有言実行が欠かせません。人を見るときも、その人が「言ったことをやっているかどうか」を見ればいいのです。

それが人として、最も大事なことなのです。

昔からの友人がいるか

人から信用されるには多大な努力が必要ですが、その信用を失うのは一瞬です。人間関係であれば、たった一言で信用を失ってしまうこともあります。また企業経営者であれば、会社を潰すことが信用の喪失につながるのは当然ですが、信用を失うことが倒産につながることもあります。

とくに日本は、会社を潰すことに対しては抵抗感が強いです。破産すれば、官報に掲載されたり、ブラックリストに載ったり、あるいは一定期間銀行からの借入れができない、社長になれないなど、やはり信用を失うことになります。

中でも、それを他人のせいにしたり、お金を貸してくれた人に対して謝罪したりしない人には注意が必要です。そのような人は、根底のところで、正しい価値観を持っていない場合が多いのです。

正しい価値観を持っていないと、間違いを犯しやすいのです。そこまでひどくなくても、ただ周囲の人に合わせるだけの人になってしまいます。そういう人は予測不能なので、非常に付き合いにくいです。また、他人に迎合するために意見を変えたり、平気で悪いことをしたりします。

そうした人を見抜き、付き合う相手を選ぶこともまた大切でしょう。

ちなみに、私が人を採用するときには、「小学校からの友人はいますか?」と尋ねることがあります。あるいは、別の言い方として「小学校の友達から何枚年賀状が届きますか?　何人とLINEがつながっていますか?」と聞くこともあります。

他人を裏切る人間には、古くからの友人がいません。そのため、昔からの友達がいるかどうかが非常に大事なのです。

つまり、長く付き合える人がいるかどうかです。

同じ人と長く付き合っていると、お互いの〝地〟が出てきます。それを理解しても付き合っていけるのであれば、その人の根本に良いところがあるのだと考えられます。

当然、それは人の信用を得《え》続《つづ》けるために必要なものです。

だからこそ、私は長く付き合っている友人がいるかどうかを見ます。それが採用時にも、ひとつの判断指標となるのです。

自分以外の人のことも考えられる

正しい考え方は、それこそ何千年もの間、多くの人が正しいと言ってきたことに基づいて考え、行動しているかどうかが重要です。

たとえば儒教には「八徳」として、「仁・義・礼・智・忠・信・孝・悌」という8つの徳目があります。それらを守っているかどうかが、評価される際には非常に大きいのです。

- 仁：人を思いやる心。リーダーが持つ愛情
- 義：正義を貫く心。全体のことを考える
- 礼：相手に敬意を表すこと
- 智：正しい判断を下す能力
- 忠：主君に尽くそうとする心。ブレない心

- 信：言ったことを守る。嘘をつかず、相手を信頼する心
- 孝：両親や先祖を大切にする心
- 悌：兄弟で仲が良いこと。自分の分を守ること

私は、こうした基準を持っていない人とは付き合いません。あるいはこれらの価値観から外れている人に対しては、まさに「君子危うきに近寄らず」の精神で避けるようにしています。

また、こうした考え方がぶれてしまう人にも注意が必要です。八徳などを考えたことがないというのも問題ですが、正しい生き方を知っているのにもかかわらず、どこかでぶれが生じてしまっている。厳しいようですが、そういう人とも、付き合わないほうがいいと思っています。

一方で、私は「ギブ・アンド・テイク」と言う人も好きではありません。「メリットがないと付き合わない」というような、そもそもケチくさいことを言っている人が嫌なのです。

私は、場合にもよりますが、先輩たちからは〝もらいっぱなし〟です。そのかわり、人にお返しをもらおうと思って何かを差し上げることもしません。人に何かを差し上げたら、その分は自分の子どもたちが将来困ったときに返してくれれば十分です。「先輩たちからもらいっぱなしだな」と感じているのなら、その人の子どもや知人に返せばいいのです。

八徳のひとつ「義」という言葉には、全体のことを考える精神が含まれています。正義というのは、自分のメリットしか考えないことではなく、広く社会のことを考える心構えを前提にしています。「義」の反対は「利」です。

ですので、八徳を実践している人であれば、自ずと自分以外のことも考えられるようになるはずです。その前提があるかどうかを見れば、人を正しく見抜くことができます。

ぶれない心を持っているか

長く付き合える人について考えるとき、論語の中の「晏平仲《あんぺいちゅう》、善く人と交わる。久しくして人これを敬す」という言葉を思い出します。これは、私が最も好きな言葉のひとつです。

その意味するところは、「晏平仲は、人付き合いが非常に上手だった。長く付き合うほど、人は晏平仲を尊敬した」ということです。

普通の人は、長く付き合えば付き合うほど、ぼろをだすものです。

しかし晏平仲のように、**本当に立派な人は、長く付き合えば付き合うほど尊敬されるということです。**

それは、「考え方がぶれない」とも表現できます。またその過程で、人間力や実力をさらに高めるべく精進もしてきたのでしょう。その両方が備わっているからこそ、優れた人物として高く評価されているのだと思います。

実力ということで言えば、30代で求められるものと、40代、50代で求められるものは異なります。マネジメント層や経営者になると、より高い人間力や実力が問われるのは当然です。

そのため、自分が尊敬される人になるには、ぶれない心を持ちつつ、人間力や実力を上げ続ける必要があるのです。

人間として正しいことがまず一番。

でも、それだけではダメで、仕事や人生においては人間力や実力を高められるかどうかが問われます。それらは矛盾することではなく、正しい努力を重ねながら、ともに伸ばしていくことが大切です。

多くの人は、どこかの段階で考え方がぶれてしまいます。だから、そのぶれを修正しつつ、人間としての正しさを追求していくこと。同時に、求められることを理解し、仕事上の実力を高めていくこと。そのような努力が大事なのです。

そうした習慣は、松下幸之助さんが言う「生成発展」につながります。生成発展とは、古きものが滅び、新しきより良いものが生まれるということであり、進化の道程でもあります。

その中で、絶えざる創意と工夫をし、生成発展の法則に従っていくことが求められます。各人も、進歩発展していくことが大切なのです。

それは、私がよく言う「なれる最高の自分」も同じ意味です。なれる最高の自分を目指すには、ぶれない自分をつくり、かつ実力や人間力を高めていく努力を続けることが必要です。

「グッドはグレートの敵」なのです。ある程度のところで満足せず、日々精進していくことが必要なのです。

自身が成長を続け、尊敬される人間になれば、人付き合いはうまくいきます。その過程で、人を見る目も自然と養われていき、人からの評価も高まります。

第4章

人の話を謙虚に聴く

「志」を持っているか

ずっと昔のことですが、忙しく働いていると、ある人から「小宮さんはそんなに働いて、ビルでも建てるつもりですか?」と言われたことがありました。

そのとき私は、「別にビルなんか建てたいと思っているわけじゃありません。『なれる最高の自分になりたい』と思っているだけです」と答えました。

そして、そのような質問をする人とは付き合いません。なぜなら、そんな疑問を持つ人の志は、金儲けをすることぐらいしかないからです。

私は、ビルを建てることになど、何の興味もありません。不動産業者ではないからです。根本的な考え方が違うのです。それは、志があるかどうかです。そして、それにも正しい考え方が必要なのです。

正しい考え方を持っていない人は、自身の利を追うことや組織のルールに縛られているなど、広い視野を持っていないことも多いのです。

組織の中にいると、場合によっては、組織の論理に縛られ、その中でしか物事を考えられないことも少なくありません。中には、会社を興したり独立したりしてから気がつく人もいますが、本来であれば、サラリーマンの段階から高い志を持っていたほうがいいに決まっています。

できるだけ早く「自分が本当に何を求められ、何をするべきなのか」を知ることが大切です。

そうした志や正しい考え方を持たないと、結局、評価もされず満足した人生を送れないことになります。

人間には3つの種類があります。悪い結果などに「なってみて分かる人」と、「なる前に分かる人」、そして「なってみても分からない人」です。

私がよく言うのは、「なる前に分かる人間になれ」ということです。なってみて分かるのでは遅いですし、なってみても分からないのではお話になりません。

ただ、組織の中で安住している人は、切迫感がないために、志や正しい考え方についてそれほど深く考えられないのかもしれません。やはり、自分から変わろうとする気持ちが大切です。

「人の振り見て我が振り直せ」という言葉があります。それは、周りの状況を見て、それが正しいのかどうかをきちんと考えろということです。

ぜひ、自分の周りをよく見てください。多くの人が組織に埋没していませんか？そして、自分がどのような考え方を持って働いているのかを振り返ってみてください。そこに正しい考え方や高い志がなければ、この先の発展も望めません。

何かになってから分かろうとするのではなく、〝なる前から〟分かる人間になることが、自身の人生をより高めるためには大切です。

本質に踏み込む姿勢があるか

会社にも、仕事内容にもよりますが、簡単にアウトプットできる仕事は、その人でなくても行うことができます。将来的にはそういった仕事は、ＡＩやロボットが担うことになるかもしれません。

だから私は、どんな仕事も、自分にしかできないぐらいのレベルにまで高めることが大切だと考えています。そしてそこには、意欲と学びが欠かせません。

つまり、「高い意欲を持って、しっかり勉強しなさい！」ということです。

ずっと昔のことになりますが、私は銀行員の頃、「輸出手形保険」の仕事をしていたことがあります。ひとりで担当していたのですが、当時の通産省（現・経済産業省）が出していたマニュアルがあり、それを参考にして業務を進めていました。

輸出する際には、政府の保険をかけることができます。業務内容としては、企業から輸出手形を預かり、それに保険をかけます。「ＯＣＲシート」に記入するだけなので、マニュアル通りに行えば、誰にでもできる仕事だと思います。

ただ私は、せっかくやるのならと思い立って、そこにあった数百ページの法律や運用指針をすべて読み込みました。法学部出身ということもあったのですが、それによって、いろいろなことが分かるようになったのです。

当時、課長が地元の通産局に連れて行ってくれたときに、「こいつ、こんなのを勉強してるんですよ」と言ったら、通産局の担当の人がとても喜んでくれました。

相手はそれを仕事としてやっているため、「見込みがある奴だ」と認めてくれたのです。それからは、通産局の人とも仲良くなり、多くのことを教えてもらいました。

このように、**本質まで踏み込んで勉強していくと、見られ方が変わります。**

業務を遂行するだけならマニュアルもありますし、ＡＩやコンピュータでもできることはありますが、本質を知っているかどうかで差が出るのです。また、周りの人から認められる場合も増えます。

とくに経営の仕事は、マニュアルすらありません。マニュアルで経営ができるのなら、世界中の会社が成功しているはずです。

同様に、人生にもマニュアルはありません。だから、普段から物事を深く考え、意欲的に勉強していくことが求められるのです。

その過程で、本質にまで踏み込んだ学びを積み重ねていけば、あなたにしかできない仕事も生み出せるはずです。

スマホとユニクロで向上心をなくしていないか

日々、仕事をしながら勉強していくには、体調を整えることも大切です。**体調管理はすべての根幹です**。私自身、若い頃から、十分に睡眠をとり、きちんと身体を休めることを心がけてきました。

その点で気になるのは、深酒や夜更かしです。若い頃はそれでもなんとかやれるかもしれませんが、ベストパフォーマンスは出しにくいでしょう。そして、歳を取るほどに、深酒をしている人は体調を崩しがちです。

私くらいの歳になれば、周りで亡くなる人も増えてきますが、やはり、若い頃から深酒や不摂生をしていた人が早く亡くなっていることは間違いありません。

そして、スマホにも注意が必要です。現代人は、スマホを使い過ぎていると感じています。いつでもどこでもスマホをいじっているため、眼や脳が休まらないようになっていないでしょうか。

もうひとつ大切なこととして、暇つぶしでスマホに使う時間ももったいないです。電車に乗っていると、スマホばかり見ている人がたくさんいます。勉強やニュースを見ているならそれもいいのですが、そうでない場合は、ただ疲労を蓄積させているだけでしょう。

このことに関しては、もうひとつ注意が必要です。今では、電車の中で多くの人がスマホを見ています。そして、皆さん、ユニクロなどの同じようなカジュアルウエアを着ています。私は、これが危険だと思っています。

なぜなら、スマホを持ってユニクロを着ていると、その人は何の劣等感も感じないからです。

10年ほど前であれば、朝、電車に乗っていると、日経新聞を読んだり、一般紙、スポーツ新聞を読んだり、あるいは本や漫画を読んだりなど、千差万別でした。着ているものも、スーツの人が多かったですが、仕立ての良いものからそうでないものまで、ある程度の違いが分かりました。

そのような状況であれば、他人を見て、惨《みじ》めさを感じることもあったでしょう。漫画を読んでいたり、みすぼらしい格好をしていたりしていると、周囲を見て「このままじゃダメだ」と思えたはずです。

もちろんユニクロがダメだと言っているのではありません。しかし現代は、スマホを持ってユニクロを着ていると、それだけで惨めさを感じにくくなっています。スーツが減り、カジュアル化しているので格好も似たり寄ったりです。

そして、スマホで漫画やゲーム、あるいは友人とのSNSにばかり興じている人も、スマホで新聞を読んだり勉強している人と一見して同じです。

「このままじゃダメだ」と気づけなくなっているのです。周りを見て、向上心が生まれることが少なくなっているのです。

目的もなく朝からゲームをしているような人に、未来は明るくありません。しかも本人には、その自覚がないのです。

そういう人がする仕事の多くは、いずれAIやロボットに取って代わられることでしょう。「ストレス発散のため」と言う人もいますが、そうまでしてストレスを発散しなければならないのであれば、今の仕事は向いていません。

帰宅する電車の中でゲームをするなとは言いませんが、朝からゲームをしていても通用するような会社や仕事であれば、大した会社や仕事ではないと思います。

繰り返しますが、この先の生活環境は、そのような人たちにとっては、ますます厳しくなっていくのです。

そのような人たちを、今、必死に勉強している人たちが支えなければならないのが、日本の未来です。そうなると、優秀な人たちが海外へ出ていくのも当然です。

大谷翔平選手のように、超一流の人材はすでに海外へと行っています。日本にいるよりもずっと評価され、稼げるからです。

優秀な学者も、海外の大学に行っています。気候変動モデルを提唱し、地球温暖化研究の第一人者として知られる真鍋淑郎さんは、２０２１年にノーベル物理学賞を受賞しましたが、彼もまたアメリカのプリンストン大学に所属しています。今後も、こうした傾向は続いていくことでしょう。

他人を見て自分の惨めさを感じることは大事なのです。しかし、カジュアル化が進み、スマホが普及した今、それすらも難しくなっています。

そうだとすれば、やはり、自分自身で気づくしかありません。そして気がついたら、行動するのです。

人の話を聴く努力をしているか

前述のように、松下幸之助さんは、人が成功するために必要な資質がひとつだけあるとすれば、それは「素直さ」だとおっしゃっています。

過去には『素直な心になるために』(ＰＨＰ研究所)という本まで出しているほど、素直さの重要性を語っておられます。

松下さんは、素直でない人の弊害は大きく二つあると述べています。

一つは、素直でない人は人の話を聴けないので、他人の知恵を生かすことができません。

この複雑怪奇な時代に人の知恵を生かせなければ、いろいろなことができないままとなってしまいます。

もう一つは、人が話をしてくれなくなることです。せっかく話をしているのに、人の話を聴かない人間に対しては、誰も話をしたいとは思いません。その延長線上にあるのは、誰にも助けてもらえないことです。

たしかに、人の話をきちんと聴くのは難しいです。安岡正篤先生も、「その人の話の聴き方を見ていると、だいたい、人物の練れ具合が分かる」とおっしゃっているぐらい、難しいことだと思います。

なぜなら、人の話を聴くには、自分を抑える努力が必要となるからです。

つまり、素直さや謙虚さがないと、人の話を聴くことはできないのです。

私は、人を見たり、人を採用したりするときには、「曲がった枝をまっすぐにするよりも、最初からまっすぐな枝の木を育てたほうがいい」と考えています。そこには、先天的なものと後天的なものという視点が含まれています。

多くの会社が人を採用するときに間違うのは、スキルのような後天的なもので判断してしまうことです。けれど、スキルはあとからでも身につけられます。

一方で、性格上の明るさなどは多分に先天的なものであり、あとから身につけるのは難しいでしょう。素直さに関しても、先天的な要素が強いと思います。

ただし、素直さは、訓練することで正すことも可能です。

松下幸之助さんは、朝起きたら必ず、「今日一日、素直であれますように」とお祈りしていたそうです。

また一日の終わりには、今日一日、素直でいられたかどうかを反省していたとも述べておられます。

そうした行為を繰り返すことによって、謙虚な気持ちを確認し、素直さを維持されていたのでしょう。

「どうすれば素直になれますか?」と聞く人も多いのですが、私はやはり、反省することが大事だと思います。自分のことを素直だと思っている人は、反省することがないので伸びません。

だからこそ、まずは、自分が素直でないと思い、日々反省することから始めるべきなのです。

謙虚に人の話を聴いているか

私は仕事柄、いろいろなところで講演をしています。これまでに、トータル3000カ所ほどで行ってきたでしょうか。

ただ残念ながら、聴衆の中には、人の話を斜に構えてまともに聴いていない人もいました。彼らは人の話をちゃんと聴いておらず、メモもとりません。そのような人は、大した人間ではないでしょう。

反対に、偉くなった人ほど、本当に熱心に人の話を聴いているものです。

過去にこんなことがありました。

オービックという、ソフトウェアなどを販売している優良企業があるのですが、その会社から講演を頼まれたときのことです。

当日は300人くらい集まっていたと思います。その中に、一番前の席について、非常に熱心に私の話を聴いておられる年配の方がいました。しかも、1時間ほどの講演を終えて私が演台を降りてからも、その人は私のあとをついてきたのです。最終的には控室まで入ってきました。

最初は「ファンの方かな」と思っていたのですが、話を聴いてみると、その人はオービックの創業者で、会社のオーナーだったのです。

しかもその方は、少し前に、日経新聞の「私の履歴書」に連載されていた人物でした。そのような人に会うのは初めてだったので、私自身とても感動しました。その後「私の履歴書」を本にしたものにサインもいただき、さらには会社の中も案内していただきました。

そのとき思ったのは、「やっぱり偉い人は違うな。素直で謙虚だな」ということです。もっと言うと、知識を得ることに貪欲なのでしょう。

やはり、人の話を斜に構えて聴いている人は伸びません。私の講演はともかく、人の話をそのような態度で聴いている人は、いつまでたっても成長できません。

だからこそ、素直かつ謙虚になることが一番大事なのです。

人が素直になるためには、3つのステップがあります。これを私は「**素直のスリーステップ**」と呼んでいます。

1番目は、人の話を聴くこと。2番目は、聴いて良いと思ったことは実行すること。そして3番目は、続けることです。

とくに、信用できる人の話をしっかりと聴き、その人が良いと言ったことは、すぐ行動に移すことです。そして、継続してください。

たとえば本書に書いてあることは、どんどん実行してください。それだけで、人生のステージがアップします。

私の場合であれば、松下幸之助さんの『道をひらく』を読み続けていたり、「3年連用日記」も継続していたりなど、「聞く・やる・続ける」を実践しています。

すぐに行動に移しているか

表面的には素直に見えても、行動に移さない人が結構います。「はいはい」と返事をするだけで、何もしない人です。そのような人には注意が必要です。

中には、まるで評論家のように、批評しかしないビジネスパーソンもいます。しかし、それでは社会人として成長できません。

経営コンサルタントで大先輩の一倉定《いちくらさだむ》先生も「評論家社長は会社を潰す」とおっしゃっているように、それは望ましい姿ではないのです。

人生は実践です。ですので、意見をするだけでなく、批評をするだけでなく、行動に移すことが大事です。私も当社のコンサルタントたちには、会社の状況などに批評や評論をするなら、必ずそれに対する対応策も述べるようにしなさいとアドバイスしています。

論語にも、「これを知る者はこれを好む者に如《し》かず。これを好む者はこれを楽しむ者に如かず」という言葉があります。物事は、それを好きだと思っている人のほうが上達が早く、さらに、それを楽しんでやる人が最も成長するという意味です。「好む」と「楽しむ」の差は、実行するかどうかの差だと私は考えています。

勉強することもそうですし、本を読むこともそうです。あるいは、経営者としてやるべきこともそうでしょう。どれほど重要なことを学んでも、それを実践しなければ実力も上がりませんし、結果も出ません。

良いと思ったことでリスクの小さいことは、すぐに始めることです。そしてやり続けることです。本書で学んだことも、すぐに実践し、継続してください。

素直というのは、受け入れて、前向きに対応すること。成長したいと考える人にはその両方が必要です。

ただし、間違った教えや考え方、生き方を信じるのは危険です。その判断は難しいのですが、まずは、土台となる「正しい生き方」「正しい考え方」にふれるべきです。それは、何度も述べましたが、何千年もの間、多くの人が正しいと言ってきたことだと私は考えています。

自分のベースになる正しい考え方を習得していれば、誰の話を聴き、どんな学びを実践すればいいのかが分かるはずです。その上で、物事を正しく判断し、素直に話を聴いて、実践・継続することです。

正しいことを継続していれば、何かしらの効果が出てきます。効果が出ると評価が上がり、収入も増えていきます。収入が増えるとできることが多くなります。つまり、行動範囲が広がるわけです。

そうなると、さらにインプットも増えていき、アウトプットの質が高まるという好循環が生まれます。

私が知っている経営者も会社員も、成功している人はみんな行動力があります。それに、ほとんどの人が早起きですし、せっかちです。せっかちな人は行動します。ウジウジ考えたりはしません。

しかし、能力が低く、行動力がない人ほど無駄に考えようとします。ただ、考える能力が低ければ、1時間考えても2時間考えても同じことです。結論など出ません。それは考えているのではなく、行動したくないから悩んでいるだけなのです。

ですので、パッと考えてすぐ行動することが大切です。そしてそのパターンを習慣化していく。

成功者の多くは、理屈をこねるのではなく、身軽に行動しているものです。

普遍的な価値観を身につける

ベースとなる正しい考え方とは、何千年もの間、多くの人が正しいと言ってきたことだとくり返して述べました。それを身につけていない人は、まず、そこから勉強してください。

「自分の考えは正しい」と思っていても、間違っていることはよくあります。大切なのは、根底のところで間違えないことです。

中国の古典の『菜根譚』に「にごった心はそのままにして執着だけを捨てようとするのは、腐った肉を集めておいてそれにたかる蝿を追いはらうのと変わりがない」（守屋洋著、『新訳 菜根譚』より）とあります。

根幹のところが大事なのです。

私は、銀行員時代に嫌な上司がいたおかげで、逆に、正しい考え方を身につけるための勉強をすることができました。そうした経験がいま、最も役に立っているとすら感じます。

近くに正しい人がいれば、その違いが分かると思います。けれど、そうでない場合、本当にその人が正しいか正しくないかはなかなか見極められません。

ですので、自ら本を読むなどして勉強し、普遍的な価値観を身につけることが大切です。『論語』をはじめ、そのためのテキストはたくさんあります。

稲盛和夫さんがおっしゃるように、ビジネスも仕事も、人生の一部です。人生がうまくいく人は仕事もうまくいきます。

つまり、普遍的な価値観をきちんと身につけていれば、人生も仕事もうまくいくようにできているのです。

自己啓発のセミナーや書籍などでは、「コンフォートゾーンを出よう」などということもよく語られています。たしかにそれも大事なのですが、考え方の土台がなければ、間違った方向に進みかねません。

たしかにビジネスパーソンの中には、コンフォートゾーンからなかなか出られない人もいますが、コンフォートゾーンを離れて悪いほうに流れてしまえば、元も子もありません。

そこには性格の問題があります。昔、ビジネススクールで学んだことに「リスクテイカー」と「リスクアバーター」があります。

前者は積極的にリスクをとる人で、後者はリスクを回避する人のことです。

その二つを分けるのは、性格によるところも大きいでしょう。ですので、それぞれの性格の範囲内で、できることをすればいいのかもしれません。

ただし、ピーター・ドラッカーが言うように、経営の根幹というのはマーケティングとイノベーションです。それは、お客さまが求めることや、環境の変化に対応することです。

人生も同じで、今あることだけを守っていて、果たして環境の変化に対応できるかどうか。それを考えないといけません。その後に初めてコンフォートゾーンという言葉が出てくるのです。

世界を変える大きな意識があるか

この章の最初に志について述べました。その志を持って、できるだけ大きな世界を変える意識を持つことが大切です。

私の仕事は経営コンサルタントです。経営とは、お客さまのニーズに合わせること。それは絶対の法則です。そうしないと、会社が潰れてしまいます。

お客さまのニーズがないものをつくり、それを小手先のテクニックで売ろうとすると、必ず失敗します。それは経営の原理原則として当然のことだからです。

ただし、「売れる・売れない」ということだけにフォーカスすると、それ自体は方法論の問題です。いわゆる「マーケティングの5つのP」が軸になっています。

- Product（製品・サービス）
- Price（価格）

・Place（流通）
・Promotion（販促・広告）
・Partner（パートナー）

たとえば私が親しくしている顧問先のプリントパックさんのように、ネットによって印刷の流通（Place）を変えることで、価格を大きく下げ、売上を大きく伸ばした企業もあります。

どんな業界でも、お客さまのニーズに応えることが根幹です。たとえば出版社や編集者というのは、読者が望む良い本をつくることを考えることが第一です。そして、それをお客さまが便利と思う流通に乗せればいいのです。本の内容が悪いのに、流通だけ変えてもお客さまは満足しません。

お客さまのニーズがある本当に良いものをつくれば、売れる確率は上がるはずです。少なくとも、現場の人間はそう考えるべきです。

ですので、お客さまのニーズを踏まえて行動する必要があります。もっと言えば、世の中が求めているものを見極めて提供することが大切なのです。

そして、私自身としては、お客さまのニーズに応えることでコンサル業界を変えたいと考えています。

弊社のビジョンは「中堅・中小企業のマッキンゼーになる」というものです。当社のほとんどのお客さまが中堅・中小企業のオーナー経営者たちです。その人たちをもっと上のステージに連れていくことが、私たちの使命です。

ただし、コンサルタントの中には、「大企業の仕事をどれだけやったか」などを自慢にする人もいます。しかし、そんなことは当社では何の自慢にもなりません。むしろ、日本を支えている中堅・中小企業を伸ばし、彼らを強い会社にしたコンサルタントのほうが尊敬されます。

それはすなわち、草野球のチームを甲子園まで連れていくようなものであり、相応の努力と実力が必要です。けれど、それが私たちの使命なのです。そしてプライドであり、名誉なのです。

中小企業向けのコンサル業界というのは、まさに有象無象《うぞうむぞう》の世界です。大した実力もなく、実績もなく、本も出しておらず、また大学教授をしているわけでもないのに、はったりだけは一流で、値段だけはマッキンゼー並みに取る人がいます。中には、詐欺師みたいな人間もいます。どんなものにも適正価格というものがあるはずです。

だからこそ、私は業界を変えたいと考えているのです。

当社のコンサルタントたちは、全員がまだ十分な実力を備えているとは言えませんが、「うちと関われば会社が強くなる。会社が大きくなる」ということをお客さまに理解していただけるように努力しているところです。

そうすれば自然と、劣悪なコンサルタントは淘汰されますし、価格も適正化すると思います。

大企業向けコンサルティングは、当社がやることではなく、それこそマッキンゼーやBCGのようなところがやればいいのです。当社は、中堅・中小企業、それも経営者が頑張っている企業を伸ばすところに強みがあると考えており、それが使命だとも考えているのです。

そのためには、正しい考え方をしっかりと身につけていて、原理原則を知っている優秀な人材が必要だと考えています。

第 5 章

最後までやり抜く習慣

足るを知っているか

実力を高めるためには、ある程度の「我慢強さ」が必要です。我慢強さは、やるべきことをコンスタントに継続させる力となります。成功するには「正しい努力の積み重ね」が必要ですが、積み重ねるには忍耐力がいるのです。

辛抱しないと、何事も最後まで成し遂げることができません。先にもふれたように、「Once done is half done」という言葉もあるように、始めたら半分は終わったも同じです。しかしまだ半分です。最後までやることがあと半分あるのです。

前章でお話しした「素直のスリーステップ」でも、継続することが含まれています。継続によって成果と結果が生まれ、実力も高まるからです。だからこそ、やり続けられるかどうかが非常に大事なのです。紙一重の積み重ねです。

物事は、すぐに結果が出るものばかりではありません。ある程度、時間をかけて取り組まなければ、結果が出ないこともあります。簡単に結果が出ることよりも、むしろ、長い時間をかけないとできないことのほうが、他者からの評価が高い場合も少なくありません。

たとえば、山中伸弥教授は本当に大変な思いをして「iPS細胞」を見つけたと思いますが、彼らもまた類《たぐ》い稀《まれ》な我慢強さを持っています。

その裏側には、最後までやり遂げようとする強い気持ちや高い志があるのです。

もちろん、うまくいくことばかりではありませんが、苦労や失敗を経て、一定の努力を重ねなければ、結果を出すことはできません。やはり、正しい努力の積み重ねが求められます。

逆に言うと、結果が出るまで努力し続ければいいのです。水面の上に1センチでも顔を出すと、それだけで景色が変わります。そうなるまでは辛抱して、努力を続けなければなりません。

私自身、飽きっぽい性格です。ただ、最後までやり続けようという強い気持ちを持って、勉強をしたり本を読んだりしています。そのようにして少しずつ忍耐強さを鍛えているのです。

他方で、「金儲けをしよう」「いい車を買おう」などというようなことには、いくら飽きっぽくてもかまいません。そんなことはどちらでもいいのです。

むしろ「足《た》るを知る」ほうが自身のためになります。

人間というものは、「足るを知る」べきことには執着するくせに、本当にやらなければならないことには執着しないものです。しかし、**良い仕事をする、社会に貢献するなど、本当にやるべきことには足るを知ってはいけない**のです。

講演などでもよく言うのですが、物欲などに関しては、身分相応で満足することが大切です。しかし、自分の実力を高めたり、社会に貢献したりすることについては、足るを知る必要はありません。

けれど、ほとんどの人がその反対に行動しています。

実力を高めたり社会に貢献したりすることはすぐにやめてしまい、しようもない物欲などには執着してしまう。経営者の中には、借金をしてまで高級リゾート物件を買ったり、高級車に乗ったりしている人もいます。

そうではなく、良い仕事などやるべきことには我慢強さを持って取り組み、どうでもいいことには足るを知ること。その違いを理解し、間違わないようにしてください。

辛抱強く取り組んでいるか

近年では、コロナ禍によって我慢を強《し》いられている経営者がたくさんいます。非常に残念なことですが、中には、必死に我慢してきたものの、力及ばず会社を潰してしまったところもあります。

パンデミックによる厳しい社会情勢もあり、どうにもならない、仕方のない部分もあるでしょう。

一方で、若いビジネスパーソンたちの間での感想として、会食できないことなどに対して、「我慢できません」などと言っている人がいました。そんなことを言う人は、正直言って辛抱が足りないと思います。

テレビなどを観ていると、彼らは「旅行に行けないのは辛抱できません」と平気で言っています。そのような人は、きっと会社でも様々なことに我慢できないのでしょう。彼らは、自分に忍耐力が足りないためにバカなことを言っているのだと気づいていないのです。

もちろん、コロナ禍で学校に行けない子どもたちはかわいそうだと思います。けれど、ちゃんと会社に勤めていて、在宅勤務でも変わらない給料をもらっていて、大した仕事もしていないのに「飲みに行けないから我慢できません」などと言っているのではどうしようもありません。

会社としても、よくそんな人間を雇っているなと思います。

彼らには苦労が足りていません。正直、親の育て方が悪いのだと思います。けれど、わざわざテレビなどで、「自分は大した人間にはなれません」と宣言する必要などないのです。家の中で平和に暮らしていることが、そんなに大変なのでしょうか。ちょっと外出することまで禁止されているわけではありません。

ウクライナの人たちや、アフリカで水汲みのために学校へ行けない子どもたちのことを考えたことがあるのでしょうか。

私は若い頃、カンボジアPKO（平和維持活動）に国際選挙監視員として参加しましたが、衛生状態も悪く地雷原もある現地の状況に比べたら、コロナ禍の日本のほうが100万倍いいと思います。日本人も少しは辛抱をすることを経験しないと、将来はより厳しいことになると思います。

他方で、一部の中小企業の経営者は、本当に苦しんでいます。私のお客さまの中には、コロナ禍でお金がないために幹部社員からお金を集めたという人もいます。幹部社員は、とてもいい人たちで、会社が好きだからこそ協力したのです。

コロナ融資などもありますが、借りたお金は返さなければなりません。借金の怖さを知っている人は一定以上は借りません。でも、お金がないと会社が潰れてしまうため、そのような行動をとったのだと思います。

新聞などを見ていると、借金によって潰れている会社も増えてきています。コロナ融資の返済が始まったからでしょう。

銀行も商売でやっているので、返済を猶予すればなんとかなるという問題ではなく、返済の可能性がなければ早めに対応しているとも思われます。

このように、どれほど我慢しても、どうしようもないことがありますが、それでも私たちは、辛抱強く取り組み、粘り強く最後までやるしかないのです。

やるべきことを習慣化する

我慢や辛抱というと昭和時代の悪習のように感じる方がいるかもしれません。我慢強さとは、「頑張り過ぎる」こととは違います。やるべきことに我慢強く取り組むことは大事ですが、あまり過度に辛抱し過ぎるのは危険です。

ある程度まで頑張ったら、どこかで手を抜くこと。そうしないと、いずれ身体や心を壊してしまいます。そのバランス感覚を持っていなければ、正しい努力を継続することはできません。

人間は誰しも、過度にストレスがかかることがあると思います。そういうときは力を抜くことです。どこかで休まないと、心が壊れてしまいます。ですので時には身体や心を休めるようにしてください。

デール・カーネギーの『道は開ける』にも書いてあるのですが、**疲れる前に休むのが一番です**。私も、そのような習慣を心がけています。

たとえば「月曜日から忙しくなるな」というときは、日曜日には遊び呆《ほう》けるのではなく、ゆっくりと身体を休めればいいのです。そんなときに遊んでいる人は、プロにはなれません。

そのような休息を心がけていると、肉体的なしんどさが精神的にもくるということがなくなります。だからこそ、やるべきことを継続できるのです。

また、ストレスがかかりやすい人とは付き合わないことも大事です。面倒くさい人はできるだけ避ける。『論語』にあるように「敬してこれを遠ざく」を実践してください。礼を忘れてはいけませんが、距離をとることです。こうした考えもビジネスパーソンとして重要なことが、ここまで本書を読まれた方ならご理解いただけるはずです。

そうした工夫をしながら、無理のない範囲で積み重ねること。それはもはや、我慢という概念ではありません。

たとえば、私が毎日、松下幸之助さんの『道をひらく』を読むことは、我慢でもなんでもありません。同じ本を150回以上も読んでいますが、それは習慣としての積み重ねです。

ですので、やるべきことを〝我慢〟だと思っているうちは、まだ習慣化できていない証拠とも言えるでしょう。

頑張り過ぎることなく、やるべきことを習慣化するのです。

習慣とは、それを繰り返さずにはいられないことです。たとえば、お風呂に入らずに寝たり、歯を磨かずにいたりすると気持ち悪いのと同じです。

私にとっては、「3年連用日記」を書いたり、『道をひらく』を読んだりすることは、まさに習慣です。だから我慢とは違います。ただ続けていることです。

その点において、やはり「嫌だ」と思わずに続けられるのが一番でしょう。

一日三食摂ることもそうですし、夜寝ることもそうです。それらは習慣です。これらの日常の習慣を「嫌だ」と思っている人はいないはずです。

自分にプラスになると思ったら、そのレベルになるまでやるべきことを習慣化するのです。

他人の時間も大切にしているか

時間活用の意識がない人も評価されません。

たとえば、私の親友で、私が社外取締役もしている「キャス・キャピタル」の川村治夫さんという方がいます。彼の会社は、プライベート・エクイティ・ファンドとして、とても良い運用成績を出しています。

川村さんの何がすごいのかというと、過去に十数社ほど企業を買収して経営権を取得し、その大部分は売却しているのですが、そのうちの一社も損を出したことがないのです。

そもそもプライベート・エクイティ・ファンドは、最も難しい仕事のひとつです。

私たち経営コンサルタントや経営者は、会社の業績を良くするのが仕事です。業績が良くなれば評価されます。ただ、プライベート・エクイティ・ファンドは、会社を買収して経営して売却するため、会社を良くするだけではダメなのです。

なぜなら「地合い（相場の値動き）」が関係しているからです。

たとえば、日経平均の安いときに買って、高いときに売れればいいのですが、反対の状況で売買してしまうと、いくら業績が良くなっても値段が下がってしまうことがあります。

それにもかかわらず、彼の会社では、リーマンショック前後も含めて、十数社、会社を買い、一社も損を出していないのです。このようなファンドは他にないと思います。

そこには、社長である川村さんの性格が大きく関係しています。彼は東京銀行で私の一年先輩なのですが、後にゴールドマン・サックスへと転職しています。

ゴールドマン・サックスは、金融の世界でも別格中の別格です。ゴールドマン・サックスの出身者が米国の財務長官になったり、英国の中央銀行の総裁に転任したこともあるほどです。

そんなトップ中のトップの金融機関で重要な仕事をしていた川村さんは、非常に忙しい人です。ただ、私も忙しくしているため、会うときはもちろん時間厳守です。

彼は、絶対に時間を守ります。これまで遅れてきたことは一度もありません。そして、「30分」というアポイントなら、必ず30分で帰ります。

そのかわり、来る前に私と話したいことをすべてノートにメモしてくるのです。現場で考えるのではなく、メモに書いてあることを質問する。

つまり、人の時間も自分の時間も無駄にしないのです。

とくにゴールドマンにいた頃は本当に忙しくされていて、大型の企業買収なども担当しており、世界中を飛び回っていました。時差の関係もあって、一日で地球を一周したこともあるそうです。だからこそ、時間の大切さを熟知しているのでしょう。

人の時間を奪ってはいけないという意識がないと、自分にも甘くなってしまいます。ですので、よほどの事情がない限り約束の時間に遅れるべきではありません。もちろん早く行き過ぎるのも避けるべきですが、それはバランスや気遣いの問題です。

私は講演会や会議などでも遅れることはありません。私が遅れると進行が妨げられますし、私自身負い目を感じてしまうからです。つまり、遅れて行った時点で負けているようなものです。そんなしようもないところで負い目を感じていてはいけません。そのかわり、あまり早くも行きません。相手に負担をかけてはいけないからです。

ぜひ、厳しい時間活用の意識を持ち、自分の時間も相手の時間も大切にしてください。

時間を最大活用しているか

私がアメリカのビジネススクールに行ったときは、それはもう忙しい日々を過ごしていました。今から考えるとそこは職業訓練のようなものだったと思います。

それこそ、1科目の予習にアメリカ人でも2時間ほどかかります。英語で読まなければならないので、日本人は余計に時間がかかります。多いときは、週に1000ページのテキストを読まなければなりません。それが複数科目あるのです。

もちろん、それらすべてを読むことはできません。そして、さらに科目によっては授業の前に学生たちが集まって議論するのが普通であったため、ついていくだけでも大変です。

また、毎週土曜日には試験があります。さらに水曜日の夜にも試験があることがあります。そうなると、毎日、勉強しなければなりません。

すると、「必要は発明の母」ということもあり、本の読み方が変わってきます。要点だけ読めるようになるのです。人間というのは不思議なもので、忙しい環境でもいつのまにか慣れてしまうのでしょう。

その頃の経験もあり、私は、時間の使い方は、非常に鍛えられました。もともと自分は不器用なほうだと思いますが、段取りだけは人よりもうまくできます。だから時間がかかることでも、段取りのよさでカバーしているのです。

たとえば、鞄の中を整理しておくとか、机の上に何があるのかを把握しておくことなど、忙しいときでも対応できる準備をしています。

私は、多いときで年間10冊の書籍を刊行し、その他に連載を月に17本抱えていたこともあります。今は連載は11本なので、「こんなに楽をしていていいのか」とすら思います。過去、忙しいときを通り越してきたからこそ、そう思えるのです。

暇な人は、自分を忙しい状況に追い込むことができません。しかし忙しい人は、その中でもやっていけることを実感できます。

以前は書籍や連載の他に、年に100カ所以上で講演をし、5つ以上の会社で社外役員をし、さらにテレビにも出演していました。以前には、それらに加え多いときで

3〜4つほどの番組に出ていたと思います。当時のことはあまりよく覚えていませんが、いずれも問題なくこなしていたのです。

忙しいときほど、とにかく目の前のことをひとつずつ全力でこなすこと以外、何も考えないものです。手を抜くことはありません。そのように、ただ実直に努力していると、自然と次の仕事もやってきます。

今でも年に3〜4冊の本を出し、連載を11本持ち、社員21名の会社を経営するほか、5つの会社の役員と6つの会社の顧問をしています。また名古屋大学経済学部の客員教授もしています。短い番組ですがテレビにも毎週出ています。講演も年に100カ所くらいはやっています。

しかしそれは、私がスーパーマンだからではありません。ただ訓練してきただけのことです。もちろん、生まれ持った才能や能力などはあると思いますが、やろうと思えばできることは、実にたくさんあります。

たとえば、ちょっと時間があればお客さまを訪問したり、隙間時間に本を読んだりなど、時間を有効活用する方法はいくらでもあります。その大前提は、時間が決まっている「スケジュール」を正確に把握するとともに、隙間時間にやればいい「To

Ｄｏ」を正確に把握することです。

そのためには、それが可能な手帳を使うこともかなり有効で、お勧めしていることのひとつです。

当社のコンサルタントたちは、コンサルティングの合間にブログを書いたりメルマガを書いたりなど、歴史や経済、経営の話を上手にまとめています。

そういったことに時間を使うなど、自分なりにできることを考えて行動すれば、時間を有効活用することは可能なのです。

時間という、多くの人に平等に与えられている資源をどう生かすかで人生の充実度が変わってきます。

『小宮一慶のビジネスマン手帳』は、忙しい方が有効に時間を活用できるように工夫した手帳です。

変化する世の中への対応力を持っているか

世の中は「複雑系」です。事実、機械技術やIT技術もどんどん進歩することで、表面上は便利になる一方で、世の中がより複雑になっています。

また、いろいろな価値観や考え方を持った人が増え、人間関係も複雑になっていますし、概念的なものも新しいものがたくさん出てきています。そのため、世の中は複雑にならざるを得ません。

私は、専門分野として経済学を勉強しています。ただ、これだけ理論が発達しても、経済ショックは何度も起きています。経済学はそれほど難しいのです。経済学的には、大きな不連続が起こることを「ショック」と言います。

具体的には「オイルショック」や「リーマンショック」などがあります。とくに今は「コロナショック」の真っ只中です。こうしたことは、どれほど賢い人たちでも予測できません。

この本を書いている状況では、未だに世界はコロナ禍から完全には立ち直っていません。しかもアメリカやイギリスではインフレが起きていて、それらもコントロールできていません。さらに「ウクライナショック」もあります。台湾有事も懸念されています。

それらがなぜ起きているのかは、誰にも分からないのです。まさに複雑怪奇であり、変数があまりに多過ぎて、先が見通せないのが今の社会なのです。

これからも、これまで同様大変なことが次々に起こるでしょう。

講演などでもよく話すのですが、2008年9月にリーマンショックが起きました。当時は100年に一度の経済危機と言われました。そして、2011年3月には1000年に一度と言われた東日本大震災が日本を襲いました。パンデミックに関しても、スペイン風邪からちょうど100年です。

そのように100年に一度とか1000年に一度ということが、わずか15年で3回も起きています。次は何が起こるのか分かりません。未来は、読み解けないのです。

だからこそ、私たちは、対応力を身につけなければなりません。

変わることが当たり前だからこそ、あらゆる事柄に対応できるような心構えや訓練、

努力が必要なのです。

変化に対応できなければ、守るべきものも守れません。変わることが当たり前と考えて、どこの会社でも働ける実力をつけておくことです。

お金の面でもそうです。実力を高めて、稼ぐ力が必要です。老後への貯えも必要です。厳しい国家財政のもと、社会保障がこれまでより充実する可能性はほぼゼロだと思います。夫婦で標準的な年金は月23万円ぐらいですが、40数年会社員をしてきて、厚生年金と基礎年金を含めてもそのレベルなのです。

さらに基礎年金だけだと、一人当たり約7万円。夫婦でも14万円です。これでは暮らしていけません。23万円でも厳しいでしょう。

ですから、現役時代にある程度稼いで貯めておくことが必要ですが、それには、どこでも通用する実力を持つことが必要です。

余談ですが、かつて、金融庁の「老後2000万円問題（老後20~30年間で約1300~2000万円が不足するという金融庁の試算）」が大きな話題になりました。あれも、正々堂々と「年金だけではお金が足りません」と言うべきだったと思います。

そうすれば、みんなが準備するからです。けれど政府は、なんとなく足りているような言い方をしながら、議論をすり替えています。

松下幸之助さんの『道をひらく』にも出てきますが、物事を正確に伝えることが大事です。厳しい世の中ではありますが、私たちはその中でどうやって暮らしていけばいいのかを、ともに考えていかなければならないのです。

自分だけの小さな幸せに浸らない

「幸せ」と「成功」は、似ているようで異なります。あなたはその違いが分かるでしょうか。

幸せというのは、自分で決めるものです。他方で成功というのは、第三者が決めるものだと私は考えています。

あくまでも成功は、人が評価すること。人がいいと言ってくれることが成功です。自分で成功だと思っているだけでは十分ではありません。そして、人が評価してくれることを自分の幸せと感じられるかどうかが、自身の成長と大きく関係してきます。最も望ましいのは、成功して幸せになることです。

たとえば山中伸弥教授がiPS細胞を発見したことによって、この先、何億、何十億人という人の命が救われるかもしれません。だからそれは、大成功と言えるのです。それで山中教授はノーベル生理学・医学賞を受賞されました。さらには、大きな幸せにも到達していると言えるでしょう。

成功というのは、人が評価することなので、成功していると他者からみなされているということは、多くの人に喜んでもらっているということです。

基本的に、人は、他人の幸せに興味を持っていません。関心がないのです。もちろん、家族や社員、お客さまなど、周囲にいる人たちの幸せを願うことはあるでしょうけれど、電車に乗っていて、隣の席にいる人の幸せには興味を抱かないはずです。

それでも、誰かが何かで成功してくれることによって、私たちの未来がつくられています。現在であれば、コロナの特効薬を発明したり、画期的な治療法を考案したりすれば、みんなが喜ぶはずです。良い商品を出せば、お客さまや働く仲間が喜ぶでしょう。

私が言いたいのは、自分だけの小さな幸せに固執しないでほしいということです。

幸せになるなと言っているのではありません。けれど、成功するということ、つまり社会から評価されて、評価されることでお金も得られ、それで幸せになることを考えてほしいのです。

仕事を通じての社会貢献の先に成功があり、その先に幸せがあることを忘れてはなりません。自分だけの、小さな幸せに浸っているだけでは十分ではないのです。

前述したように、現代は、スマホを持ってユニクロを着ていれば惨めさを感じなくてすむかも知れません。そういう人の中には、朝からゲームをしている人もいます。けれど、そのように成功を目指さない暮らしをしていると、本当の幸せは得にくいのではないでしょうか。

周りの人や社会から評価されることで成功して、幸せを感じることができるのが、最高なのです。

理想の人生を目指しているか

変化に対応するには、変化に対応するための能力を持つことが必要です。つまり、何が起こっても食べていけるスキルを養うのです。

「衣食足りて礼節を知る」という言葉もあるように、食っていけるということが人間として最低限の基本となるわけです。

たとえば、あなたは、どこの会社に勤めているのでしょうか。

能力があれば、会社を飛び出しても食べていけることでしょう。しかし、そうでない場合は、会社がなくなったら食っていけなくなるかもしれません。変化に対応するための能力とは、どこでもやっていける能力ということです。

この話をすると、ドキッとする人もいるでしょう。けれどそれが現実です。

将来についても同様です。年金も減らされており、そのせいで厳しい暮らしを余儀なくされている高齢者を目の当たりにすると、「自分も将来、ああなるのか」と思わざるを得ません。

もちろん、工夫することはできます。私の母親は、すでに亡くなりましたが、父親が亡くなってから17年間、ひとりで大阪の郊外で暮らしていました。しかも、父の遺した17万円の遺族年金だけで貯金までしていたそうです。家庭菜園をしたり、花を植えたりすることを趣味にしていました。

私が母親からよく言われたのは、「あなたよりも豊かな暮らしをしているわ」ということでした。感覚的な問題もありますが、あくせく働くことなく、お金にも困らず、17万円の年金で貯金までしていたのでそう思えたのでしょう。

ただ、今の30代や40代の人には、そのような悟った暮らしはできないと思います。もっと言うと、やはり、仕事が楽しくないと稼げないし自己実現ができません。

逆に言えば、生きていて良かったなと思いながら、お金も稼げる仕事に就くことが本当の理想なのです。

食うためだけの仕事はつまらないものです。いくら稼いでも満足感がありません。

反対に、いくら楽しいと思っていても、それで食えなければやはり辛いでしょう。

だからこそ、その両方を満たせるような能力を養うこと。そして、変化に対応するためのスキルを得ることが、これからの時代は不可欠なのです。「楽しい」かどうかは、この本でも述べていますが、皆さんの〝考え方〟が大きいのです。

「食えない」職業については、芸術家を例にすると分かりやすいと思います。

自分が良いと思う絵を描いていても、その絵が売れない画家はたくさんいます。同様に、小説の分野でも、売れない作家がたくさんいます。

それは、幸せと成功の定義にもあったように、社会が認めていないからです。

フィンセント・ファン・ゴッホのように死んでから認められる例もあります。ただ、現代のように情報ツールが発達した世の中で認められないのは、何らかの理由があると思います。もちろん、それはビジネスの世界も同じです。

それもまた、能力を養うことと関係しています。

やはり、その仕事をしていて自分が楽しく、かつ、ある程度は稼げること。それが、理想の生き方に近づく近道なのです。

人より稼ぐ努力をしているか

それではどうすれば稼げるのでしょうか。そして、なぜ、稼ぐことが必要なのでしょうか。

それは、社会から評価されることに加えて、稼いだほうが楽だからです。そこには、家族の生活も含まれています。

たとえば、コンビニでパンを買うとします。その多くは150〜200円ほどだと思いますが、その金額は、標準的に稼ぐ人をベースに値段がつけられています。

年収が数億円ある人がコンビニに行っても、150円のパンを「400円です」と言われることはありません。反対に、低所得の人が「100円でいいですよ」と言われることもないのです。

つまり経済とは、標準的に稼ぐ人をベースに、ほとんどのものが値付けされているのです。

もちろん、中には例外もあります。たとえば高級車や高級時計など、数千万円もするようなものは、高所得者だけをターゲットにしたマーケットです。そこには、前述の論理は通用しません。一方で、いわゆる生活必需品と言われるものは、標準的に稼ぐ人をベースに価格設定がされています。

それが意味することは何か。

要するに、**ちょっと人より稼ぐと、それだけである程度豊かな暮らしができるということです。**

また、子どもをいい学校に行かせようと思ったら、教育費がかかります。さらに、夏休みや年末年始に旅行に行く場合も同様です。そのようなときでも、ちょっと人より稼いでいると楽に行けます。

もっと言うと、少しだけ見える世界が変わるのです。普通の人には見られないものが見られるので、経験値も増えます。

たとえば、お金があれば高級ホテルにも泊まることができます。それだけでも、見るものや経験することが変わります。

ですので、背伸びをしてお金を使えとは言いませんが、少なくとも、余裕を持って暮らせるようにするべきです。

また、「衣食足りて礼節を知る」という言葉もあるように、自分の心の平穏を保つためにも、お金を稼ぐことは重要です。

私の師匠である曹洞宗の藤本幸邦老師は、よく「貧困は悪だ」とおっしゃっていました。孤児を預かったりもしていたため、そのような考えに至ったのだと思います。お金がないことは、人の心を荒《すさ》ませます。お金を持っていても心が豊かでない人もいますが、それは生き方の勉強をしているかどうかの問題です。

老師はまた「お金はないと不自由だが、魔物だ」ともおっしゃっていました。稼ぐことは大切ですが、お金の魔力に負けないことも必要なのです。少し儲かった中小企業の社長が、お金の魔力にとりつかれて、その後の人生で破綻した例を私は仕事柄少なからず知っています。

やはり大事なのは、きちんとお金を稼ぐことと生き方を学ぶこと。稼ぐことで、見える景色も変わりますが、正しく稼ぎ、正しく生きることが必要です。

他社でも通用する能力を身につける

現代のビジネスパーソンは、他社でも通用する能力を身につけるべきです。

私自身、先に述べた会社を買収するファンド（プライベート・エクイティ・ファンド）のパートナー兼社外役員を長くしており、また、経営コンサルタントですから、それこそ、M&Aは日常茶飯事です。

たとえばある会社の事例で、私も関わっている会社だったのですが、子会社を一つ売りました。百数十人の社員がいる会社ですが、売った先はインドの会社でした。

もちろん雇用保証や給与保証などは2年ほどあったのですが、約束の2年が経過しているため、今では完全にインドの会社の経営となっています。

そうしたことが、現代では普通に起きているのです。かつての日本社会では、終身雇用が前提となっていました。今でも一応は残っていますが、年功序列のほうは完全に崩れています。事実、若い人がボスになる例はよくあります。

その中で、外国企業がオーナーになるケースもたくさんあります。転職も普通に行われています。だからこそ、他社でも通用する能力、つまりグローバルスタンダードの能力が必要なのです。それがなければ、これからの社会を生き抜くことは難しいでしょう。

一方で、グローバルスタンダードで通用する能力があれば、1億円以上の報酬を得ることも可能です。東京商工リサーチによると、2022年3月期決算において、上場会社で663人が1億円以上の役員報酬を得ているとされています。

ただ、オーナー経営者を除くと、上位にいる多くは外国人であるのが現状です。それも社長ではない外国人が上位につけています。優れた能力を持てば、サラリーマン経営者でも5億や10億は稼げるということです。

日本の大手企業でも、たとえば武田薬品工業の社長はクリストフ・ウェバーさんという外国人です。またトヨタに関しても、社長の豊田章男さんよりも高い給料をもらっている外国人役員が存在します。

それが示しているのは、日本国内の経営者がいかにグローバルスタンダードになっていないかということです。日本人で海外の上場企業で、役員として活躍している人の話はそれほど多く聞いたことがありません。

残念ながら日本人は、海外に出ても、経営者として通用する人はわずかです。そこには能力差もありますが、私の知っているアメリカ人で稼いでいる人たちは、類い稀なハードワークをしています。

ワーク・ライフ・バランスといった細かいことは言わず、むちゃくちゃ働いて、休むときはきちっと休んでいるのです。それが、世界のビジネスエリートなのです。

日本の中だけにいると、ぬるま湯に浸かっているようなものです。それでは相応の給料しか得られません。しかも日本は、「Japan is cheap.」と言われているように、円安もあって、世界に比べてドルベースではどんどん物価も給料も安くなっていることは、皆さんもニュースなどで知られていることでしょう。

以前、一緒に本を出したスパークス・アセット・マネジメントの阿部修平さんは、日本有数の投資家ですが、彼の殺し文句こそが、「Japan is cheap.」だそうです。事実、先進国の中で、5ドルも出せばまともな昼食をとれるというのは日本だけでしょう。

それだけこの国は成長もせず、物価も安いということが、「Japan is cheap.」につながっています。日本の最低賃金では、主要国の人は誰も働かなくなっているのです。

ちなみに、私が一番よく泊まるホテルは、当社がセミナーをやっている関係もあり「リッツ・カールトン大阪」です。年に20泊くらいはすると思います。

その宿泊料金は、アメリカの都市で「ホリデー・イン」に泊まるよりもはるかに安いです。つまり、それだけ料金に差があるということです。

リッツ・カールトン大阪に次いでよく泊まるホテルは、愛知県一宮市にあるアパホテルですが、今の為替レートなら、一泊40ドル程度。米国のホテルなら朝ご飯が食べられるかどうかくらいの値段です。

コロナが終わればインバウンドがどっと押し寄せると予想されます。アメリカでホリデー・インに泊まるより、日本でリッツ・カールトンに泊まったほうがいいからです。箱根などの観光地は、それよりさらに安いです。学生など若い人ならアパホテルで十分です。部屋は広くはありませんが、きれいで安全です。

日本と世界の経済力には、大きな格差が生じていると言えそうです。そのような事実を踏まえて、他社でも通用する能力、とくにグローバルスタンダードのスキルを養うことが求められます。

その第一歩は、他社でも通用する能力を身につけることです。

第6章

一人前と一流は違う

スペシャリストを目指しているか

かつて存在した「ゼネラリスト」は、もうこの世の中には存在しなくなっています。経営者はゼネラリストと思われがちで、そういった側面もありますが、今の時代では、「経営」という仕事のスペシャリストです。

年功序列、終身雇用、右肩上がりの経済が前提だと、会社の中のことをある程度知っていて、人のことも分かっていて、仕事もある程度できる人が役員になったり経営者になったりしていました。そのため、日本で一般的に「ゼネラリスト」と言われているのは、その会社でしか通用しない人が多いと思います。

しかし現代では、そのような人は役に立たない時代となっています。先に話したように、今の時代に活躍している経営者は、ゼネラリストではなく経営のスペシャリストです。

たとえば私は、5つの会社の社外役員をしているのですが、それは私がゼネラリストだからではなく、経営の専門家だからです。

私は現在、自動車部品メーカーの社外監査役や化粧品会社、塾会社の社外取締役を務めていますが、自動車や化粧品のつくり方、塾の授業内容を熟知しているわけではありません。なぜなら、それらの専門性を求められているわけではなく、経営のアドバイスを求められているからです。

ゼネラリストと呼ばれ、社内ではどうにか生きてこられた人たちが、今後どうなるかは分かりません。ただ、彼らには存在意義がなくなっているのです。

だからこそ、これからはスペシャリストを目指すべきです。また、その場合のスペシャリティは、いくつかあってもいいのです。

研究開発の専門家であっても、経営のことも知っていれば、鬼に金棒です。そのような人は二つの分野のスペシャリティを持っていることになります。

そのように、本当のスペシャリストであれば、どこにいっても通用します。今後は、そういうスペシャリティを持っていないと、稼ぎにくくなることは間違いありません。

それが現在の社会なのです。

一流を目指しているか

若いビジネスパーソンの中には、「どうすればスペシャリストになれるのか」と思う人もいるでしょう。しかし、そのような発想は正しくありません。

大切なのは、まず、目の前の仕事が天命であると自覚すること。そして、そのスペシャリストになることです。

深める方法、深める技術、深める能力を身につけていれば、どんな仕事でもスペシャリストになれます。深める勉強をするには、本を読む、インターネットで調べる、セミナーに出る、人に話を聴くなど、やる気さえあれば、いくらでも一歩踏み込めます。

もちろん、向き不向きはあります。けれど、ホワイトカラーの人の場合は、そのほとんどが「文字で書いてあることを理解するかどうか」だけの話です。深く理解しようとする意識と努力です。まだまだ深いところがあると思って学ぶ姿勢があれば、いくらでも深い勉強ができます。

とにかく、まずは「一歩踏み込む」ことです。

プロになれそうもないことに時間を使わずに、まずは、目の前のことを人よりもできるようにすること。そのためにはどうすればいいのかを、プロになるための訓練だと思いきちんと考えるようにしてください。

たとえば、営業の仕事を与えられたとします。「ノルマがあって嫌だな」「最低○件は回らなければ」などと考えるかもしれませんが、それを深めようと思ったら、マーケティング理論を勉強したり、心理学を勉強したり、あるいは相手先の与信なども考えなければなりません。そのためには会計の基礎を勉強したりするのです。

もちろん、売ろうとしている商品やサービスについても深く知ることが必要です。いくらでも、勉強することはあります。そういうふうに勉強していると、仕事の深みが違ってきます。

しかし多くの人は、見よう見まねで行っているだけです。周囲の人がそうしているからです。器用な人ほど注意しなければいけません。本質を知らなくても適当に仕事がこなせるからです。

器用な人は、ある程度のところまでは早く到達します。けれど深みがないために、応用がききません。職種が変わっても、同じ器用さで適当なところまで成長するだけです。

「一人前」と「一流」は違います。器用だけの人は、一人前にはなれても、一流にはなれません。一人前は二流なのです。

だからいつまでも、二流並みの給料しかもらえないのです。

これから先、転職市場が常態化すればするほど、同じ能力を持っている人は同じ給料になります。いわゆる「ジョブ型」です。同じ能力を持っていて、他社で給料が高かったら、みんながそっちへ行くからです。そのため均一化しやすいわけです。そういう世の中が、すでに来ています。

また、前に述べたように、ＡＩやロボットなどもますます仕事を代替する可能性もあります。

その中で、いかに他者に秀でて付加価値のある仕事ができるか。それは、仕事を深める能力にかかっているのです。

「資格」を持っているか

私は、応募者の履歴書を見るときには、熱心に書いているかどうかを見ています。もちろん、資格や学歴も見ています。難しい資格を取っていたり難関校を出たという人はそれなりの努力をしてきたからです。比較的簡単な資格でも、**それを取ろうとした努力や向上心を見るポイントになります。**

たとえば、スペシャリティを身につけるために、MBAや資格を取ろうとする人もいるかもしれません。それもひとつの方法でしょう。

「MBAは役に立たない」と思う人もいるかもしれませんが、実務上役に立つこともあれば、そうでないこともあるというのが現実ではないでしょうか。現在でも、アメリカではMBAの全盛です。事実、経営の上位にいる人で、MBAやPhDを取っていない人はほとんどいません。

私は米国の大学（ダートマス大学タック経営大学院）のMBAですが、そこで習ったことは少しは役立ちますが、ＭＢＡは米国内では学歴として、あるいは同窓会での付き合いをするときに役に立つと感じることが多いです。米国では、「どこの大学（院）」のＭＢＡかということが重要です。ＭＢＡを得る難しさもピンキリですし、同窓会がどれだけしっかりしているかも重要だからです。どこの大学のＭＢＡでもいいというものではありません。

もうひとつは、先にも書きましたが、週に１０００ページくらいの英語の教科書を読まないといけませんから、勉強の仕方や要点の捕まえ方は学べます。また、英語は論理言語ですから、ある程度英語が読めれば、良くできた教科書の場合には、本当によく分かるのです。また、一流大学の場合は入るより出るほうが難しいので、かなりの勉強量が必要となります。

私は、明治大学の会計大学院の特任教授や名古屋大学経済学部の客員教授をしていますが、会計学や経済学の勉強のきっかけを得たのは、ビジネススクールでの授業です。それぞれ10数回の授業でしたが、教科書がとても良かったのと、先生たちの教え方がうまかったので、十分に基礎を学べました（大学や大学院レベルで教えるには、もちろん、かなりの勉強が必要です）。

では、なぜ日本ではあまりMBAが聞かれなくなったのでしょうか。それは、日本の文科系大学院の評価が相対的に低いからです。

私は明治大学の会計大学院で特任教授として4年間教えていましたが、日本の文科系大学院はそれほどレベルが高くありません。会計大学院ですから会計士になりたい人が入学して来るのですが、私が教えていた時代の明治大学では、四大の学部学生のほうが、会計士の合格者が多かったのが実情でした。入学希望者が十分いないので、ほとんど全入で、卒業もそれほど難しくありません。

ある大企業の人事担当者に聞いたところ、大学院（とくに文科系大学院）を出ています、MBAを持っていますという場合、そのような学歴は評価しないと言っていました。むしろ四大の学歴しか見ていないとのことです。四大でも、やはり有名大学は入学が難しいからです。

日本は、有名大学の大学院でも文化系であれば、ほぼ全入・全出です。人によっては「学歴ロンダリング」と言われることもあります。もちろん、すべての文科系大学院がそうだとは言いません。理科系の大学院や文科系の四大の有名大学に比べると、かなり楽だということです。

私は京都大学法学部の出身ですが、今の国立大学は儲からないからか、京大もいろいろな名前をつけて学位を与えています。それが過剰になれば、まともに京大を受ける人は減ってしまうでしょう。

もちろん、勉強したことはどんなことでも役に立ちます。ただ、学位として役に立つかどうかは、その学校のレベルとともに、十分に考えたほうがいいと思います。

また、慶應のビジネススクールなどの卒業生の中にはかなり優秀な人がいることも知っていますが、全体的には文科系大学院、とくに近年できた大学院のレベルはそれほど高くないと感じざるを得ません。

ただし、資格そのものに意味がないわけではありません。なぜなら転職しやすいからです。そのため、資格ブームは今も続いています。それだけ、資格というのは分かりやすいのです。

ＭＢＡは学位ですが、日本では文科系大学院の学位を取るよりは、資格、それも会計士や税理士社会保労務士などの比較的難しい資格を取ったほうがいいと思います。

そもそも、ＭＢＡは学歴でしかありません。日本においても、東大を筆頭として、大学はピンからキリまであります。米国でもそうですが、役に立つ学歴もあればそうでないものもあります。同様にＭＢＡといってもピンからキリまであるのです。

一方で国家資格など、しかるべきところが認定している資格は、それなりのレベルを維持しています。資格ごとの難易度はありますが、そっちのほうが評価されやすいでしょう。

とくに企業採用者からの評価を得やすい資格や学歴を取得することが大切です。

何を勉強すればいいのかを見定める

自分自身で世の中のことを知り、自分のキャリアや自己実現のために「この資格が生かせるはずだ」と考えて資格を取るのは良いことです。

あるいは、その目標に対して勉強すること、勉強する習慣を身につけることが大事です。

すでに述べたように、今の時代に必要な基礎力は「思考力」と「実行力」です。やはり考える力と行動する力が求められます。

少なくとも、人は考えるきっかけを持っていないと考えません。とくに若いうちは、資格試験のためなどのきっかけがないと勉強しません。

若いうちに身につけるべきなのは、**ひとつは一生懸命働くという習慣です**。その習慣を身につければ、どこで働いてもうまくいきます。

ただし、その場合でも「正しい努力」をしないといけません。報われない努力を一生懸命やるというのはもったいないことです。

自分の目標ができたら、何を勉強すればいいのか、何を考えればいいのかを見定めて、正しい努力を積み重ねるのが一番の早道です。

その際に、最も早く評価されるのは、目の前の仕事の場合が多いと思います。そこで小さな成功体験を得れば、他の分野でも評価されるような努力の仕方が分かるようになりやすいと思います。

これまでにも頑張ってきたけれど、報われなかった人はたくさんいると思います。その理由は、どの分野で努力するかを間違っているか、正しい努力の積み重ねが足りていないかの、どちらかです。

逆に言えば、強みを生かせて評価されやすい分野に集中することです。それは、皆さんにとってはゴルフでしょうか、それとも仕事でしょうか。あるいは仕事でも今とまったく違う仕事でしょうか、目の前の仕事でしょうか、そこから派生する仕事でしょうか。

ここをよく考えなければなりません。どこに焦点を定め、そのための正しい努力をすることが必要なのです。

それは神様が与えてくれるものかもしれませんが、自分からも見つけ出していかないといけません。

松下幸之助さんは、9歳のとき、和歌山の田舎から大阪へ丁稚奉公《でっちぼうこう》に行きました。そのときのお店は「宮田火鉢店」という、家内工業のような火鉢屋さんだったそうです。やがてその店は廃業し、松下さんは、大店《おおだな》の自転車屋さんに紹介されて「五代自転車店」へ行きます。今で言うカーディーラーのようなところです。そこで商売のイロハを学びました。

そこに転職した松下さんは、非常にツイていたと思います。松下さんの頑張りや能力を考えると、日本一の火鉢屋さんになれたかもしれませんが、そのままでは現在ほど著名な人間にはなれなかったでしょう。

松下さんの場合は9歳や10歳の頃の話であり、その経験は神様が与えてくれたものかもしれません。ただ現代人の場合は、自分の適性に合わせて、どこを目指すかを考えることも大事です。それは、世間を知るとともに、勉強しないと分かりませんし、いろいろな人にいろいろな話を聴かないと分かりません。

さらに、自分の考え方が正しくなければ、単に「金儲けできればいいか」ぐらいに考えてしまうでしょう。やはり、お客さまや他の社員、ひいては世の中に貢献した結果としてのお金だという気持ちを持たなければなりません。

「貢献する」という言い方が好きでなければ、「何をもって世の中から認められたいのか」ということです。それこそが、評価です。その結果としてお金があるのです。

ですので、資格の勉強でもいいのですが、まずは勉強することが大事です。勉強をすることで気づきを得て、自分のやるべきことが見えてくるのです。

ただし、アウトプットしないと評価はありません。資格も成果ですが、その先のお客さまや社会への貢献が求められるのです。

質の高さにこだわっているか

最後の最後にひと工夫を加えることの大切さは前述しました。「一歩踏み込む」です。どのような仕事でも、この一歩の踏み込みを積み重ねていけば、大きな差になります。一旦仕事を終えても、まだ何かやれることがあるのではないかといつも考えないといけません。

もちろん、時間や経済的な制約があると思いますが、それでもその範囲内で行えることは必ずあるはずです。

一方、現代人には、より早い〝アウトプット〟が求められます。

ここでとても大切な「成果」と「結果」の違いを説明します。ピーター・ドラッカーが言っていることにもつながりますが、アウトプットとは本来、「成果」であり成果物のことです。その先に「結果」があります。「成果」と「結果」の違いを理解することはとても大切なことです。

たとえばビジネスパーソンの場合、お客さまへの提案やレポートなど、様々なアウトプットがあります。あるいは商品やサービスもあるでしょう。それらの成果物こそ、本来の意味のアウトプットです。お客さまや世の中が求めているのは、まずは「成果」です。

しかし、勉強していない人や上司などが求めているのは結果です。それをアウトプットと誤解してしまうと、思考が成果物から離れてしまいます。

結果というのは、企業で言えば、売上・利益のことです。その結果だけを早急に求めるからおかしくなるのです。なぜなら、世の中に必要なのはまず成果物だからです。

たとえば「本」という商品で考えてみましょう。

世の中が求めているのは、良い本です。売上部数でも、著者に入る印税でもありません。

ですので、著者や、出版社、あるいは編集者は、成果物の中身を高めることを考えなければなりません。それが結果として、売上・利益につながります。

そのような至極当たり前のことを、多くの人が理解できていません。拙速に結果を求めても、良い成果物が出せるとは限らないのです。

誤解のないように言っておきますが、私は結果を軽視しているわけではありません。ただ、結果の出ない人や企業は信用していません。なぜなら、良い成果物を出せば、しかるべき結果につながるはずだからです。でも、成果の質を考えずに、結果ばかりを求めるのは、間違っています。

そして、もちろん、のんびりし過ぎるのもダメです。その仕事に求められているスピードで、より質の高い成果物を生み出すことが必要です。成果物は仕事によって異なります。そのため、仕事によって求められる期間も違うのです。

松下幸之助さんの本を読んでいると「急げ」という言葉がよく出てきます。そこから考えると、拙速は良くないのですが、より早く良い成果物を出せるかどうかは追求し続けるべきでしょう。

まずは、質の高い成果物を出すこと。その次に、成果物の作製時間をより早くすること。それが大事です。

質の低いものをたくさんつくっても意味がありません。そんなものは、世の中が評価しないからです。だからこそ、まずは、質の良い成果物を出すことを目指し、次にそれをより早くつくり出すことを目指すことです。仕事のレベルが上がれば上がるほど、求められる質は高くなります。

そしてそこでは、個人のスキルがベースとなってきます。個人が高いスキルを身につけ、それをチーム化することで、より良い成果物と結果に結びつけられるのです。

逆に言うと、昔は終身雇用がベースで「みんな仲良く」だったため、チームにぶら下がっていても生きてこられました。しかし、そのような時代は完全に終わっていきます。

これからは、個人のスキルをベースにチームをリードしていくこと。あるいは、チームの中でいかに自分が特色を持てるかが重要となります。

全力でやる気をぶつけているか

昨今では、「企業は人材育成にリソースを割《さ》いていない」と言われることもあります。

しかし、実際はそうではありません。

事実、一部の会社は人材育成にかなりの力を入れています。私の会社でも、人材育成に関する業務を請け負っているので、それがよく分かります。

人材育成は非常に重要です。なぜなら、それによって会社に好循環が生まれるからです。

具体的にどのような循環になるのかというと、特色のある商品やサービスを提供して高収益を上げた企業が、その一部を社員の給料アップや人材育成にあて、さらに優秀な人を採用して教育すれば、より良い商品やサービスが生まれる。そういった流れです。そのような好循環が生まれれば、会社はさらに高収益になります。

とくに近年は、優秀な人ほど転職や独立をする傾向にあると思います。テレビでも転職支援会社のコマーシャルが多く流れるので、「転職しなければ」とか、そこまでいかなくても「転職もありかな」と考える人も増えているのだと思います。

ただ、会社が高い給料をくれたり育成してくれたりするのなら、優秀な人材を集めることも可能です。とくに今の若い人は「育ててほしい」という感覚が強いと思います。つまり、そういう会社は魅力的なのです。

ただそのベースにあるのは、ピーター・ドラッカーの言葉にもあるように、企業はマーケティングとイノベーションを行うことによって、いかに高収益企業をつくれるかということにあります。差別化です。それがないと難しいのです。

逆に言えば、低収益企業では人を育てるのも難しいのです。

人材育成ができていない企業の多くは、余裕がありません。目の前のことに忙しく、収益力も低いので、人を育てている余裕がないのです。

収益力の高い会社なら、専門家に研修を任せることもできます。専門家から学びを得ることができます。

ただし、正しい生き方や考え方がベースにないと、人材育成も教育もうまくいきません。また、やる気のない人にはいくら教えても無駄です。

ですから、私は企業に対して「教育を受ける人は選抜型にしてください」とお願いしています。自ら手を挙げた人だけのほうが好ましいのです。もちろん、全社的に前向きな社風なら、選抜型でなくても問題ありません。

やる気がない人を相手にするのは難しいものです。こちらも全力は尽くしますが、時間の無駄となることもあります。

いずれにしても、好循環を生み出すためにも、経営者には、人材育成や採用を根本から見直していくことが求められますし、働くのであれば人材教育に熱心な会社を選ぶべきです。

考え方を変えるために今から行動する

弊社では、20年近くにわたって「コンサルタント養成講座」を実施しているのですが、その講座にここ何年か毎年5人ずつ派遣してくれている会社があります。

この会社のすごいところは、毎年何十人もの社員がこの講座受講に応募するということです。講座受講に選ばれるために、自室に籠もって勉強する人もいるそうです。

そのほとんどが20代です。

気合いの入り方が違います。むしろ、そのように自分からやる気を持って学ぼうとしなければ、大きく成長することはできません。

やる気のある人たちに機会が与えられると、ものすごく伸びます。一方で、「会社に行ってこいと言われたから来ました」などという人は、いくら学んでも伸びません。

やはり、自ら目標を持って行動したり、与えられた仕事に全力でぶつかったりするマインドを持てるかどうかが大事なのです。それは、必要条件と言えるでしょう。

そういったマインドの人に教育を受けさせると、個人も会社も伸びていきます。

できれば若いうちに、そうした資質やマインドを持っておくことが重要です。ずっとプラプラしていた人が、ある日突然、高い資質やマインドを持てるかというと難しいのです。

たとえば、ＮＨＫの朝ドラに『ちむどんどん』という作品がありました。そのヒロインは暢子という人なのですが、その兄に賢秀という人物がいます。この人は非常にいいかげんな性格で、何度も同じような失敗を繰り返しては暢子の足を引っ張っています。

こういう人がすぐに優れた資質を備えられるかというと、やはり難しいでしょう。

そこに関連しているのは、仕事の習慣ややり方だけではなく、ベースのところにある考え方です。正しい考え方や生き方を知り、実践しなければなりません。

ただし、人の考え方はなかなか変わりません。

だからまずは行動を変えること。いきなり「今すぐ頑張ろう！」と心の底から思うのは難しいけれど、行動を変えることはできます。

たとえば、早起きをすること。私はよく会社のトイレを掃除していますが、トイレ掃除をすることでもいいのです。行動を変えれば、考え方も変わります。

書道や華道のように「道」がつくものは、すべて〝形〟から入ります。私たち凡人は、形を変えない限り、考え方も変わりません。

「明日からやろう」「明後日からやろう」などと、そんなふうに思っていたら死ぬまでできません。

だから今からやるのです。今すぐ行動を変えるのです。

考え方を変えようとしなくても、行動を変えていけば、そのうち考え方も変わり、伸びる自分になれるのです。

背中で汗をかいているか

仕事は、アウトプットでしか評価されません。とくに我々のようなプロフェッショナルの仕事は、お客さまが評価しているかどうかがすべてです。

事実、コンサルタントの仕事は、お客さまの業績が上がっているかどうかにかかっています。いろいろなことを必死にやって、経営者もそれに応じていろいろなことをやっても、業績が上がらなかったら何の意味もありません。

アウトプットがあってこそ、「全力か否か」という問題がでてきます。

一方、松下幸之助さんは、「全力でやらずに結果が出たほうがいい」と言っています。工夫をしろということです。同じ結果を出すのなら、全力をかけずにできたほうが余力があるからいいというのです。つまり、そこにはまだ伸びる余地があるということです。

大切なのは集中力です。全力を正しく定義しないまま、漫然と全力を尽くしていると思っていても、必要とされるときに高度な集中力がなければダメなのです。

たとえば、プロ野球の選手がバッターボックスに立ったとき、全神経を集中してピッチャーの投げるボールを打てるかどうかがすべてです。前の日に1万回素振りをしていても（これも全力を尽くしているとも言えます）、バッターボックスに立ったときにヘトヘトになっていたら意味がありません。必要なときに全力を出せないとダメなのです。

そうした視点は、アウトプットから物事を考えているかどうかによって決まります。プロ野球選手は、ただ頑張ればいいというわけではありません。高い集中力を持ってヒットを打たなければ評価されないのです。打席に立ったときに打てるか打てないかだけが問題なのです。練習は準備でしかありません。

だから、私は「努力賞」というものが嫌いです。

社員について、中間管理職から「彼は努力しているからもっと評価してやってもいいんじゃないか」と言われることがありますが、努力を結果につなげられないのは中間管理職の責任でもあります。それも含めて、評価することはできません。結果が出なければ、努力することに対する価値すら失いかねないのです。

努力は必要です。ただ努力するなら結果をともなわなければならないのです。

だからといって「手を抜く」などというのは論外です。

実力もないような人が、手抜きをしてどうにかしたいというのでは、お話になりません。

そのような人は、絶対に良い結果を出すことはできないでしょう。

繰り返しになりますが、努力する、全力でぶつかることは「必要条件」です。その先にある質の良いアウトプットこそが、「十分条件」です。

ですので、ここで話しているのは必要条件を備えている人のことであって、それすら持てなくて手抜きをしているような人を、私は相手にしていません。

『手抜きをしてうまくいく方法』としたほうが本としては売れるのかもしれませんが、そのような人は、残念ながら何をしてもうまくいかないでしょう。

私の場合は、講演をしていても文章を書いていても、他のことは一切忘れていることが多いです。言わば「ゾーンに入る」というように、その間は他のことはまったく考えていないのです。

だから、必死になることはありません。深く集中しているだけです。そうして常に質の良いアウトプットを意識しています。

必死には、悲壮感がつきまといます。私はそれが嫌いです。プロが仕事をするのに悲壮感を見せるなど、お客さまに対して失礼だと思います。

ですので、必死な顔などすることなく、背中で汗をかいています。そして、普段から努力をしています。

周囲に対し、額に汗をかいている姿など見せることはありません。

目標と目的の違いを理解しているか

私の会社では、「規律の中の自由」を大切にしています。そして、各社員に対して会社側から「こういう目標を持ってください」などと言うことはありません。もちろん、会社全体の目標はありますが、各人の目標は各人で考えるのです。

ですので、私が伝えるのはただ「お客さまに貢献してください」ということだけです。つまり「成果」や「成果物」です。アウトプットです。質の高いアウトプットを求めているのです。質の高いアウトプットの「結果」が売上高や利益です。

もちろん、個人的に数値目標を掲げている人はいますが、必要なのは、その前にあるお客さまへの貢献です。アウトプットです。そして、そのことを通じて会社への貢献が求められています。

売上高は、そこから得られた結果です。当然、誰がどのくらい売っているかはチェックしています。成果による結果だからです。大前提はお客さまに喜んでもらうことなので、「数字を上げてこい！」などとは口が裂けても言いません。

数字が上がっている人は、自分の能力を通じてお客さまに喜んでもらう術を知っています。また、「お客さまに喜んでもらうことの喜び」を知っている人でもあります。

そして、それはすべて、お客さまからの評価、ひいては、業績が上がるかどうかにかかっているのです。

お客さまの業績が上がったら「このコンサルタントを雇って良かった」「小宮コンサルタンツにお願いして良かった」とお客さまは思えます。そこから「もっと仕事をお願いしよう」という話にもなります。それが私たちにとっての良い仕事の循環です。
ですので、単に「数字だけ上げてこい」などとは言わないのです。

ここで、目標と目的の違いについても確認しておきましょう。
個々人が立てる目標は、ゴールがあるものなので、達成したあとはどんどん新しい目標に切り替わっていきます。目標は達成するものなので、その次の目標が必要だからです。

他方で、目的には終わりがありません。「お客さまに貢献する」、「社会に貢献する」などで、その点において、目標は目的達成の通過点や、手段なのです。

たとえば、私はお客さまや社会に貢献するという〝目的〟を実現するために、以前、「本を100冊出そう！」という〝目標〟を立てていました。前提となる目的があり、目標はそのための手段でしかありません（おかげさまでこの本は158冊目です）。
目標と目的を混同してはいけません。混同してしまうと、やることがおかしくなります。

たとえば、「家族を幸せにする」という目的がある人は多いと思います。そこから「家を建てよう」という目標を掲げることがあるでしょう。しかし家を建てるのはいいのですが、そのために働き過ぎて身体を壊してしまったら元も子もありません。

あるいは、家族を忘れて夢中で働いた結果、気づいたら家族がいなくなっていたということもあるかもしれません。それでは、目的の達成にはならないのです。目標が目的化しておかしくなったのです。

売上高や利益という目標が目的化しておかしくなった会社は、最近の東芝を例に出すまでもなく、枚挙にいとまがありません。

目的を持った上で目標を持ち、なおかつ目的を忘れないようにしないと、道を踏み外してしまいます。そのことが分かっていないと、仕事も単なる金儲けだけになってしまうかもしれません。

そうならないよう、自身の目標と目的の違いをきちんと理解し、「自分は何のために、何をやるべきなのか」をよく考えることが求められます。

第7章

「お客様が喜ぶこと」「働く仲間が喜ぶこと」「工夫」

ストレスを抱えていないか

あなたの周りで、いつもイライラしている人や、同じようにいつもネガティブな発言をする人はいませんか?

こうした人たち発言や行動は、いずれも周りの人へもネガティブな影響を与え、ついつい振り回されてしまうものです。

一方、成功する人は「人を心から褒めることができる人」だと私は思っています。人を褒めることのできる人は、他人の良い面を見ているから褒められるのです。また、そういう人は「積極思考」の持ち主です。

自分の態度や行動、あるいは言動は、他者からの評価に直結します。とくに現代のような〝複雑系〟の時代において、多様な他者の評価を伸ばしていくためには、いくつかの必須スキルを身につけておくことが大切です。その大前提として、自分が積極的、あるいは積極思考であることが求められます。

そして積極思考であるためには「ストレスコントロール」が必要です。自分が受けているストレスを意識し、上手にコントロールすることで、前向きになれ、より望ましい態度や行動が取れるようになります。それが結果的に、他者からの評価を向上させます。

以前に読んだ本の中で、ストレスをコントロールするポイントとして次の3つが挙げられていました。

1．自分でコントロールできないことに悩まない。
2．言い訳をしない。
3．ときには自分を甘やかせる。

1つ目は「自分でコントロールできないことに悩まない」です。一例を挙げると、「今日は雨が降るのかな?」などと悩んでしまうこと。それは自分でコントロールできないことなので、悩んでいてもストレスがたまるだけです。

そうではなく、「雨が降るから傘を持っていこう」「徒歩ではなくバスで行こう」な

ど と、具体的な対策につなげることです。そうすれば、悩みやストレスを解消させることができます。それがストレスコントロールのコツなのです。

あるいは、「今年はボーナスが増えるかな」「昇格できるかな」などの悩みも同様です。「ボーナスをもらうために営業成績を上げよう」「昇格するためにチームで結果を出そう」などと決意し、行動すれば、やるべきことも明確になるでしょう。

自分でコントロールできないことに悩むのではなく、自分でコントロールできることに全力を尽くすのが基本です。

自分でコントロールできないことに文句を言うのは、天に唾するようなものです。自分でコントロールできることに全力を尽くすのです。

2つ目は「言い訳をしない」です。言い訳には多分に嘘が含まれています。心理学では、その嘘は深層心理に残るとされています。つまり、言い訳をする人は、自分に嘘をつくことによって、ストレスを溜め込んでしまうのです。

ですから、言い訳はしないことです。素直に「すみません」と謝ってしまえば、無駄なストレスを抱えることもなくなります。誠実に謝罪すれば、きっと相手にもその誠意が伝わるはずです。万一伝わらなくても、こちらとしては、全力を尽くしたことにはなります。

私も、部下がミスをしたときなど、お客さまのもとへ謝罪に行くことがあります。その際には、言い訳は極力しないようにしています。こちらの非を認め、素直に謝ることで、問題解決に向かっていくケースがほとんどです。

他方で、政治家などは自分のためだけでなく利害関係者が多いため言い訳をしなければならない場面が多く、多大なストレスを抱えていると思います。見ていると気の毒なほどです。それも仕事だから仕方ないのかもしれませんが、彼らには素直に謝ることをお薦めします。

3つ目は「時には自分を甘やかせる」です。本書を読むような真面目な人ほど、頑張り過ぎている可能性があります。ただ、人間には限界があるため、あまりに頑張り過ぎると身体や心がもちません。

そこで、睡眠や休息などをきちんととること。普段から、心身を健やかにし、無理のない範囲で仕事をしていくことが大切です。とくに、年齢とともに体力が低下していくため、働き盛りの人は注意が必要です。

ただし、「時には」ということが大切です。「いつも」甘やかせてばかりでは、十分なアウトプットが出せません。自分を甘やかしているばかりではいけません。それでは事を成すことはできません。つまり、やるべきときはしっかりやり、休むときは休む。そのメリハリを保つことが自己の評価を高めるのです。

生きている以上、ストレスをゼロにすることはできません。しかし、前述の3つのポイントなどのストレスマネジメントを知っていれば、ある程度はストレスを下げることができます。ストレスをコントロールできるかどうかは、あなたの身心の調子に直結しますし、結果的にあなたの評価に直結します。

自己管理能力が高いか

プロフェッショナルたるもの、自らの体調や調子を、常に万全な状態に保っておかなければなりません。そうして初めて、目の前の仕事に全力で打ち込むことができるのであり、それが成果や結果へと結びついていきます。

そのときに重要なのが「自己管理能力」です。自分をよく観察し、いつでもやるべきことに全力投球できるよう、自らを整えておくこと。それができてこそ、自らの能力を最大限に発揮することができるのです。

ただ、私自身としては、これまで自らの限界に直面したことがありません。よく「本当にお忙しくされていますね」と言われるのですが、自分としては、かつて仕事をしていて「これ以上は無理だ……」と感じたことがないのです。なぜなら、いつも少しの余裕を持っているからです。睡眠も十分にとっています。

それもそのはずです。もともと無理をしてまで働こうとは、考えていないからです。中には、限界まで働いた末に倒れてしまう人もいますが、それでは元も子もありません。無理なく続けられてこそ、結果的に仕事で大きな成果を挙げられます。

事実、私はしっかり寝ることを優先順位の一番にしています。ですので、毎日7時間から8時間は必ず寝ています。この習慣は昔から変わりません。忙しいときもそうでないときも同じです。翌朝早起きしなければならないのなら、その晩は早く寝るようにしています。眠ることの優先順位が高いのです。

朝型でも夜型でもいいのです。自分なりにベストなパフォーマンスを維持できるよう、体調管理を心がけ、常に最高の自分でいることが大事です。

ただ、夜型の人は、ひとりで仕事をしているのならかまいませんが、お客さまや仲間と仕事をする場合には、昼の時間帯に仕事をすることが多いので、朝方のほうがパフォーマンスを出すには有利です。

私の場合は、昼間に講演があったり、役員会があったりするため、朝のリズムを整えるようにしています。朝のほうが調子がいいのです。逆に夜はパフォーマンスが極端に落ちます。

さらには、出世する上司は朝早く来る人が多いので、朝早く出勤したほうが声をかけてもらえる確率も上がります。また、朝早く来た人は、その後に来た人が何をやっているかが分かりますが、遅く来る人は、他の人がそれまでに何をしているかが分からないものです。その点でも、朝方で、早くから仕事をしている人のほうがかなり有利です。

話を戻しますが、体調管理は仕事の一部分です。そのようにして自分の体調をコントロールできれば、いつも元気に仕事ができます。アウトプットの早さも質も違ってきます。

私が大学生の頃のゼミの指導教官でもあり、京都大学法学部長を務めておられ、かつてはハーバード大学でも教えておられた道田信一郎先生は、毎日夜9時に寝て朝3時に起きることを日課にされていました。そうして朝の3時から6時間、ご自宅で勉強されていたのです。

そのように一流の人は、日々、精進しています。我々の仕事は、どれだけパフォーマンスを発揮できるかによって評価が決まるため、普段から勉強していなければなりませんし、その前提となる体調管理は必須です。

私は40代で肺癌を経験しており、慢性病も持っています。それでも「一病息災」という言葉があるように、病気と上手に付き合っていくことで、健康な人と同じように生活することは可能です。

やはり大切なのは、日頃の体調管理と普段からの心がけなのです。そのためにも、深酒や夜更かしなどの不摂生は極力避けなければなりません。

付け焼き刃のアウトプットをしない

ビジネスマンの中には、「忙しくて寝る時間もない」と言う人がいますが、寝る時間がつくれないというのは、その人の管理能力に問題があるという評価にもなりかねません。

時間がなくて寝られない、あるいは休めないというのは、時間管理ができていない証拠だからです。誰しも、一日は24時間と決められています。その中で、やるべきことをコントロールすることが大切です。

一日24時間の中で、72時間仕事をすることはできません。どう頑張っても無理です。だからこそ、与えられた時間で仕事が済むようにコントロールすること。それが、仕事のできる人、つまり評価される人のやり方です。

時間の使い方がうまくなれば、十分な睡眠をきちんと確保しながらでも、必要な評価の高い成果を挙げることができます。それには時間をコントロールする意識と、工夫が必要です。

仕事が遅い人ほど、目の前の仕事に着手するのが遅いのです。そして、取り掛かるのが遅くなれば遅くなるほど、仕事が完成するのも遅くなってしまいます。

もちろん私自身も、すべての仕事をゼロ秒でスタートできるわけではありません。だからこそ、できるだけ早く取り掛かれる態勢をつくっておき、かつ、常に仕事の腕を上げられるよう努力を重ねています。

たとえば、メールを打たなければならないときに、来客があったとすると、メールの画面だけでも立ち上げておき、できれば相手先のアドレスや件名だけでも入力しておきます。そうすれば席に戻ってきたときに次の仕事に取り掛かりやすくなります。帰宅時に机の上を全部片づけてしまわないほうが、翌朝の仕事への取り掛かりが早くできる場合もあります。

そして、しつこいようですが何よりも実力を上げることです。十分に実力が高まっていないと、いくら時間があっても足りません。私がよく若いコンサルタントたちに言うのは、研修や講演などにおいて、「事前に準備しないといけないようなことは喋るな」ということです。

わざわざ準備しなければならないということは、普段から考えていないということです。私の持論として、頭の中に入っていないことを喋ったり本に書いたりするというのは、聴衆や読者に失礼なことだと考えています。

とくに、直前に勉強したようなことを右から左に話すようなことは、プロのやるべきことではありません。はっきり言って、そんなものは学生のレポートレベルでしかないのです。普段からの訓練や準備が重要なのです。

本を読んでいると、残念ながら、そのような〝勉強本〟に出くわすことがあります。勉強本というのは、勉強するための本という意味ではなく、著者が勉強したことをまとめて書いているだけの書籍のことです。それでは、実践や実力が感じとれないのです。

他方で、その人が普段から考えていること、実践していることを書いている書籍は、思考を蓄積しているだけに説得力や価値があります。

私自身、人生に関する本なども含めて、頭の中にあることしか出さないようにしています。そしてそれらは、日頃の積み重ねによって成り立っているのです。

準備することを習慣化できているか

前述のように、仕事のパフォーマンスは日頃の準備によって決まります。普段からいかに準備を進めているかによって、もたらされる成果や結果も変わります。その点、できる人ほど、水面下できちんと準備をしているものです。

私の場合、会計や経済の本を書くことがあります。その中身となる数字の部分はもちろん、直近の数字を準備しますが、骨格となる理論などはいちいち調べません。なぜなら、あらかじめ、全体像を把握してから書いているからです。

講演も同じです。レジュメなどは用意しますが、話の内容はすでに考えているものが大半です。冒頭のネタを少し考えるぐらいのことはしますが、そんなのは２〜３分もかかりません。それだけ、常に準備万端というわけです。

むしろ、直前になって慌てて準備をするのは、聴衆に対して失礼だと思います。普段から「これは本のネタになるな」「話の材料になりそうだな」と考えていれば、頭の中に自然に入っているはずで、特別な準備をする必要はありません。

ここで大事なのは、普段から準備を習慣化しているかどうかということです。

私の好きな言葉に、「チャンスの対の言葉は準備」というのがあります。そしてこの場合の準備とは、習慣の積み重ねによってもたらされます。

やはり、慌てて準備するようなコンサルタントはダメなのです。また、お客さまのところへ行き、いろいろな問題や課題をうかがいながら、「2～3日考えてきます」というのもいけません。普段から考えていれば、その場である程度の答えを導き出せるはずです。

やはり準備というのは、普段から行っておくべきものです。もちろん経験がものを言う場面もあるのですが、経験というのは、それほど役には立ちません。なぜなら、まったく同じ状況は二度と訪れないからです。

その点、優秀なコンサルタントは、たとえばピーター・ドラッカーや成功している経営者などの本を読み、本質を理解しています。

本質さえ掴んでいれば、どのような場面でも応用することができるからです。

一方で、調子がいいだけのコンサルタントは、目の前の現象ばかり見ています。そうして、新聞やビジネス誌に書いてあるような話ばかりするのです。話は面白いかもしれませんが、そこには本質がなく、個別の状況に合わせた応用を利かせられません。

やはり準備は、普段からの心がけがすべてです。とくにビジネスパーソンは、本質を掴むための勉強を日常的に行い、場面ごとに応用していれば、特別な準備はしなくていいのです。

どんな場面でも、頭の中に本質的な知識が入っていれば、それで対応は可能なのですから。

観察力を持って生活しているか

観察力のある人とない人は、一瞬で判別されます。

たとえばスーパーマーケットに買い物に行った話が出てきたとき、「レジには何人くらい並んでいましたか?」と質問します。そこで、即座に答えられる人とまったく答えられない人に分かれます。

どういったアンテナを持って日々を過ごすかが大切ですが、意識するのとしないのとでは大きな差になります。

私の著書である『ビジネスマンのための「発見力」養成講座』という本は、出版社であるディスカヴァー・トゥエンティワンの干場《ほしば》弓子さんとの雑談から生まれました。この本は21万部ほど出たと思います。

その雑談で話していたのは、「7-ELEVENのロゴの最後の〝n〟が小文字であることをご存じですか?」「駅の自動改札には番号が振ってあるのを知っていますか?」など、どれも身近な事柄でした。

それらの情報は、すでに知っている人からすれば、特段新しい話ではないかもしれません。しかしほとんどの人は、それらを知らないどころか、すぐそばにあるのに気づいたことすらないのです。なぜでしょうか。

その理由は、「関心」を持っていないからです。関心のないものは見えないのです。逆に関心があれば見えるのです。皆さんは今から、7-ELEVENの最後のnが小文字なのも、駅の自動改札機の番号も必ず見えてきます。関心を持ったからです。関心を持てば観察力が高まるのです。

だからこそ、いろいろなものに関心を持つことが大切なのです。とくに経営者になる人は、ぜひ新聞を読んでください。見出しだけでなく、頭の数段落かリード文だけでもいいので読んでください。それだけで頭への定着度合いが変わります。関心の幅が広がるのです。

そういう読み方をしていると、関心が広がりますから、世の中が見えやすくなります。そうすると余計に多くの物事に関心が持てるようになり、様々な事柄を注意深く観察できるようになるのです。たとえば、日銀の話でも、企業の話でも、海外の話でもそうです。

私の場合は、講演やテレビ、あるいは社外役員として役員会で話をしたり原稿を書いたりしています。つまりアウトプットが前提になっているため、関心の幅は自ずと広がっていきます。当然、適当なことは書けないので、情報を注意深く見るようにもなっています。

たとえば「アメリカのインフレ率は今後下がります」「金利は当面上がります」な

ど書いたら、自ずとその後の動きにも関心を持ちます。そうすると、余計に新聞の記事やテレビのニュースで言っていることが見えてくるわけです。

また有難いことに、私はいろいろな会社を訪問しており、多くの業種の人たちと接しています。また約370社あるセミナー会員企業さんのうちには、生まれてから死ぬまでの業種、つまり病院から葬儀屋さんまで含まれているため、自然と幅広いことに関心を持つことになるのです。

新聞を読んでいても、街を歩いていても、どこかしらの会社に関連することが見えてきます。たとえば、私の顧問先さんには自動ドアの会社があります。そのため私は、自動ドアに貼ってあるシールをよく見ます。

シールを見ると、会社名が書いてあります。また色だけでも、青いシールならうちのお客さまだと分かります。そうした違いも、関心を持って見ているために知ることができるのです。

また、ある会社の社長さんとお昼ご飯を食べているとき。料理で車海老が出てきたのですが、私は店の人に「この車海老は鹿児島産ですか?」と質問しました。相手は「よく分かりますね」と言っていたのですが、それもそのはずで、うちのお客さまに鹿児島で車海老の養殖をしている人がいるからです。

そのように、様々な事象に関心を持つことによって、幅広い視点や知識が得られ、それが仕事にも応用されていくのです。

ギブ・アンド・テイクではなくギブを考える

現代は情報社会ということもあり、より多くの良質な情報を得ようとしている人が多いことと思います。そのため「常にアンテナを張ろう」などと言われることもありますが、その方法が間違っていれば元も子もありません。

大切なのは、ケチくさく考えないこと。これに尽きます。自分だけが利益を得ようとして、たくさんの情報を集めようとしてもうまくはいかないのです。なぜなら、そのような姿勢では、特定の情報しか収集できないからです。

たとえば、異業種交流会にせっせと足を運ぶ人がいます。その多くは「有益な情報を集めよう」「人脈を増やそう」などと考えているのですが、名刺を交換しただけでそれらが得られるわけではありません。

とくに人脈は、「相手に何を差し上げられるか」が一番のポイントとなります。

お金持ちの人ほど人脈があるものですが、それは相手にお金を提供できるからです。同様に、銀座のホステスさんに人脈があるのも、「心地よさ」という価値をお客さんに提供できるからです。

ですから、何かしら差し上げられるものを持っていないと、人脈は形成できません。たとえ一時的につくれたとしても長くは続かないのです。そういう人ほど、「人脈をつくって金儲けをしよう」「人脈を利用してやろう」などと、ケチくさいことを考えているものです。

考えてもみてください。あなたが逆の立場にいたら、そのような人と付き合いたいと思いますか。私自身、独立してから、多くの方に支えられてきましたが、一度も人脈に頼ったことはありません。だからこそ、人間関係が続いているのです。

　私は多くの方とお付き合いがあるので、私に対し、「○○さんを紹介してください」と言う人が時にはいますが、紹介される相手にメリットがなければ私は紹介しません。ただ単に、自分が得をしたいだけで「紹介してください」と言ってもダメなのです。

　そのような発言をすること自体、人脈の本質を理解していない証拠です。もっと言うと、自分のことしか考えていない、言い換えれば、人間ができていないのだと思います。中には人脈だけで食べているコンサルタントもいますが、そんなものは本物ではないと言わざるを得ません。

　少なくとも私は、「紹介ビジネス」のようなやり方を好みません。紹介しただけでお金を取るような、ケチくさいことを言っている人は好きではないのです。やはり人脈というのは、無理に利用しようとしないのが長続きするコツでしょう。

　お互いのためになるのなら紹介すればいいし、相手に喜んでもらおうとするのであれば、そのためにできることをすればいいのです。「自分は何を与えられるのか」を前提に考えれば、得られる結果も違ってくるのです。

　紹介などしなくても、自分が得意なことをすればいい。編集者なら良い本をつくればいいですし、情報分析が得意な人ならそれをすればいい。なんでもかまいません。

私であれば、経済の分析ができるとか、経営のポイントを教えてあげられるといったことを差し上げることができます。そのレベルがある一定以上であれば人は寄ってきますし、人が来ると、その人がまた何かを教えてくれます。人間関係とはそういうものなのです。

自分から何かを与えないと、人間関係は続きません。もらうことばかり考えていても、人脈は得られません。少なくとも本当の人脈にはならないのです。

そうではなく、自分の実力を高め、差し上げられるものを増やして、本当の人間関係を築きながら人脈を形成していくことが大事です。人脈が広がれば知り合いも増えます。知り合いが増えれば関心ポイントも増えていきます。そこから、仕事の幅やできることも広がっていくのです。

「ギブ・アンド・テイク」のような、そんなケチくさい発想ではなく、自分が何を差し上げられるのかを考えること。もらうことではなく、与えることを考えていれば、情報も人脈も自ずと得られるのです。

情報のアップデートができているか

私は新聞から情報を得ることが多いのですが、紙の新聞で言えば、リード文があるような大きな記事は、そのリード文だけでも読むようにしています。朝は、朝食時に、NHKのニュースを見ながら読売新聞を読んでいます。読み方は、日経新聞と同じで、リード文が出ているような大きな記事は、どのような面にあってもそこだけは必ず読みます。

いずれにしても、世間が関心を持っていることを一通り頭に入れておきたいのと、そういう読み方を継続していると、世の中の動きがある程度関連付けて分かってくるからです。

私は日経新聞に関する著書をいくつか出していることもあり、新聞の読み方について聞かれることも多いです。しかし、意外に思われるかもしれませんが、私は書籍や新聞だけでなくインターネットもよく使っています。それは、最も新鮮な情報が欲しいからです。

「日経電子版」の他に「Ｙａｈｏｏ！ニュース」などの一般的なサイトにも目を通していますし、あるいはちょっとした調べ物をするのに「Ｇｏｏｇｌｅ検索」なども活用しています。もちろん、情報ソースの正しさを検証する必要があるため、その点には常に注意を払っています。

とくにインターネットの有用性を感じるのは、経済分析に関してです。経済分析では、時にデータにあたる必要があるのですが、今ではネットから生データを収集することができます。たとえば、ＧＤＰや日銀短観、雇用関連の統計などです。

それらのデータは、かつては、新聞や雑誌から得ていたものです。しかし今では、日銀や内閣府のホームページにアクセスすれば、いつでも生データをチェックすることができます。

その点に関しては、マスメディアの優位性はあまりありません。生データから物事を推測したり解釈したりする力があれば、メディアを通す必要はないからです。

とくに現代では、インターネットと新聞の優位性といったことは、それほど考える必要はないと思います。

もちろん日経新聞など、ニュースソースとして信憑《しんぴょう》性が高いものは読むべきですが、大切なのは「使い分け」です。

私の場合、経済に関することは日経新聞で、政治や社会については読売新聞を読んでいます。またオフィスでは、関心の幅を広げるために日経産業新聞も読んだり、外出時にはニューズウィークの日本版を読んだりしています。

若いビジネスパーソンの中には、ネットニュースで情報を得ている人も多いでしょう。けれど経営者になりたいのなら、それだけでは十分ではありません。スマホからでもいいので情報収集をしましょう。その場合には新聞の電子版を読むべきです。

ちなみに、私は電子版の読み方も教えているのですが、そこにはちょっとしたコツがあります。

具体的には、日経電子版のトップページから「朝刊・夕刊」を選択すると、「総合・経済」「総合・政治」「国際」「ビジネス」「オピニオン」などが順に並んでいます。それらを順番に押していって、一番上にある記事だけを読むのです。忙しいときには、最初の2段落だけでもかまいません。この読み方なら普通に紙の新聞を読むよりもはるかに速く読めます。

そのコツを掴んで毎日やり続ければ、世の中のことがどんどん見えてきます。2カ月もすれば、かなり上達すると思います。

ただし、電子版は紙の新聞のように一覧性がないので注意が必要です。紙の新聞は読み切り感があるのと、一覧で見られることが強みとなります。どちらでもいいので、それぞれの特徴を理解しながら、新聞を読むことを習慣化してください。

経営者視点を持っているか

経営者を目指している人も、そうでない人も、「経営者視点」を養うことが大事です。とくに会社からの評価や、上司・部下からの見られ方を考慮すると、経営者視点を持って行動することが、あなたにプラスに働きます。

経営者視点を養うことは決して難しいことではありません。ポイントはひとつだけです。それは、「お客さま第一に徹する」ということです。ピーター・ドラッカー的に言えば、マーケティングマインドです。

つまり、商品やサービスを提供するお客さま（市場）を見て、求められているものを考え、それを提供するために行動するのです。

ピーター・ドラッカーは、「企業の一義的価値は、企業の外部にしかない」と言っています。

中には「経営者たるもの複数の視点を持っておかなければいけない」と考える人もいるかもしれません。もちろん、複眼的に世の中を見ることは必要ですが、まずは、お客さま視点、外部視点です。

これは、ベテラン経営者になっても同じです。優先順位の一番はお客さまです。

私がよく、若いコンサルタントに言うのは「もし、会社の見方が分からないときには、とにかく、その会社がお客さま第一かどうか、外部指向かどうかだけでも見てくるようにしなさい」です。漫然と会社を見ているだけでは何も分かりません。そうではなく、まず、〝お客さま第一〟かどうかの観点からその会社を見るのです。

もっと言うと、お客さまを大切にすることによって、そこで働く人が「働きがい」を感じられているかどうかも大事です。お客さま第一と、そこで働く人の働きがいは、セットで考えるべきです。

しかし大抵の人は、働きがいではなく「働きやすさ」を求めています。もちろん働きやすさも大事なのですが、それだけでいいアウトプットが出ることはありません。その前提として、「お客さまに喜んでもらおう」「仲間に喜んでもらおう」といった視点が不可欠です。

単に働きやすいだけの会社は、「楽でいいな」で終わってしまいます。当然、いいアウトプットが出るかは分からないので、会社の業績は不安定、社員の評価も落ち、いずれはその職場自体がなくなってしまうかもしれません。

重要なのは、「お客さま第一」を行うことで得られる、働きがいです。「生きがい」という言葉もあるように、それを感じられれば、エネルギーも出るし、仕事も人生も楽しくなります。

経営者としては、自分だけでなく、社員に働きがいを感じてもらえるような環境づくりが大切です。そのためには、先に説明した「目標」と「目的」の違いなどを理解し、それを実践しなければなりません。

金儲けが目的化している会社では、働きがいを感じるのは難しいものです。逆に、「社会やお客さまに貢献する」「働く仲間に貢献する」といったことが、きちんと浸透していれば、会社は結果として自然に儲かります。

うちのお客さまで、現場で働いている若い人たちが朝早く出社する会社があります。そこでは、彼ら自身が「朝早くから出社したい」と思わせるような考え方や社風を浸透させています。

具体的には、私が言う「良い仕事（①お客様が喜ぶこと、②働く仲間が喜ぶこと、③工夫）」に各人が集中することで、働きがいを感じるようにしているのです。だから会社も儲かるのです。

反対に、働く人が楽な環境ばかりつくっても、社員の働きがいは醸成されません。それはあくまでも必要条件であって十分条件ではないのです。だからいいアウトプットも出ないのです。

会社やそこで働く各人はアウトプットでしか評価されない以上、社員が働きがいを感じない会社では、会社の業績や評価が上がらないのも当然なのです。

「良い仕事」の三条件とは？

「良い仕事」について、もう少し説明しておきましょう。私はいつも、社内の人間や、社外の経営者に対して「良い仕事に集中してください」とお話ししています。

良い仕事をすることが、相手を良くし、社会を良くし、それを通じて働きがいを感じ、ひいては自分自身の評価や見られ方を向上させるのです。

ここで言う「良い仕事」には、前述した３つの定義があります。それは、「お客様が喜ぶこと」「働く仲間が喜ぶこと」「工夫」の３つです。

「工夫」とは、お客さまが喜ぶことや働く仲間が喜ぶことをより良く、より早くやることです。それらを経営者はじめ各人が仕事において実践することが、パフォーマンスを高め、ひいては評価を高めるのです。

お客様が喜び、働く仲間が喜び、さらにはそのための工夫をしていると、仕事はどんどん楽しくなります。成果物が良くなり、それにより相手から高い評価が得られ、やる気が高まるのです。もちろん売上高などの「結果」も出ます。

そのような気持ちで仕事をしていれば、会社も良くなります。働いている人も楽しくなります。その結果として、高収益な優良企業ができるわけです。

この、至極当たり前の流れが分からない経営者は、「とにかく数字を上げてこい」といった指示しかできません。何度も言いますが、目的と目標が入れ替わっているのです。「成果」と「結果」の違いが分かっていないのです。

そのような社長のもとでは、働いている人も働きがいがなくなり、場合によっては精神的に追い込まれてしまいます。専念すればいいのです。そうすれば「結果」は出るので経営者は文句の言いようがないはずです。

失敗する経営者は正しい生き方や考え方を勉強していません。そうすると金に目がくらみます。私は「稼ぐな」と言っているわけではありません。むしろその逆です。正しい生き方や考え方を実践しているほうが、結果として儲かるようになっているという道理を理解することになるのです。

では、どのようにして経営者としての正しい視点を養うべきなのか。

「経営者視点」などと難しく考える必要はありません。無理に背伸びをして、間違った方向に進んでしまうほうが問題です。

よく「課長になったら部長の仕事をしないといけない」「部長になったら役員の仕事をしないといけない」などと言う人もいますが、それなら会社はそれだけの給料を払うべきです。

その言葉の裏にあるのは、安い給料で働かせて、より多くピンハネをしたいだけです。

もちろん、広い視野を持つことは大切ですが、地位に応じた仕事を懸命にやればそれでいいのです。ただしここでも「良い仕事」の視点を持つことが大切なことは言うまでもありません。

その際にも、やはり「お客さま第一」が大切です。当社では毎朝、朝礼で会社の経営方針書を読んでいます。そこにも書いてあるのですが、「お客さまが求心力、お客さま第一」です。

やはり会社はアウトプットがすべてであり、お客さまが満足するかどうかで決まります。もっと言うと、一番厳しいお客さまから見ても満足できる商品やサービスを提供しているかどうかが大事だと思います。それにより、働く人も働きがいを感じてほしいのです。

一方、むやみに社員視点に立ってしまうと、会社はおかしくなってしまうでしょう。やはり、お客さまに喜んでもらうことで、自分も社員も喜ぶことが重要なのです。株主視点も同じです。

すべてにおける良い仕事の基本は、お客さまが喜ぶこと、働く仲間が喜ぶこと、工夫。その3つに集約されています。

人間性を大事にしているか

近年では、「将来、人間の仕事がAIに取って代わられる」などと言われています。たしかに、AIやロボットが代替できる仕事の多くは、将来的になくなってしまうかもしれません。

ただ、当然のことながら、人間にしかできないこともたくさんあります。そのうち、とくに重要なのが「人間性」です。

たとえば幼稚園の先生や小学校の先生は、人間性が重要であるために、なくならないと言われています。他方で、専門学校の先生は、ＡＩに教科書を読ませればできるので代替される可能性があります。

ポイントは、その仕事において人間性が問われているかどうかです。

幼稚園や小学校の先生にはそれが欠かせませんが、専門学校の先生にはむしろ、情報やデータをもとにした説明力が求められており、それはＡＩやロボットが得意とすることでもあります。

あるいは、医師の世界でも同じです。今ではＡＩにレントゲンやＣＴの画像を読ませたほうが、うまく解析できるそうです。そもそもＡＩ自体が「目のついたコンピュータ」であり、数万の事例からパターンを読むこともできるので、その点では人間よりも優秀なのです。

他方で、癌などの病気において、ＡＩが患者さんに「余命○○カ月です」と伝えてしまうのは問題でしょう。そのようなケースでは、高い人間性を備えた医師がどう伝えるかを判断し、診断の補助などにＡＩを使うことが求められます。

いずれにしても、定型化された仕事は、それがかなり複雑なものでもＡＩやロボットに代替されやすいと思われます。

たとえば銀行の事務は、かなりの部分がＲＰＡ（ロボティック・プロセス・オートメーション）に置き換わっています。そのため銀行員の数はどんどん減っています。ＡＩやコンピュータが得意としているのは、定型化された複雑な業務の定型処理です。単純な仕事だけではありません。複雑な仕事でも、ロジックを追えばできることなら、十分に代替可能です。

ですので、社労士や税理士の仕事についても、かなりの部分がなくなると言われています。当社のコンサルタント養成講座に来た人で最も多いのは、税理士や会計士です。彼ら自身、従来の仕事がなくなることに危機感を持っているのでしょう。

ただし、税理士が行ってきた記帳業務などを踏まえて、財務諸表ができたあと、経営者にどうアドバイスするのかなどの仕事はなくならないと思います。それは、経営者と接する部分であり、人間性やスキルが求められるからです。

もっとも、経営のことを知らないとアドバイスできません。だから彼らは、コンサルタントの業務を学ぶべく努力しているのです。

文章についても同様です。人の話をただまとめるだけのライター業は、かなりの部分がなくなるでしょう。音声認識が発達し、それをどのようにまとめていくのかをＡＩが考えれば、優れた文章もつくれるからです。

一方で、本当に人間味のある文章にしたり、読者のウケを狙ったり、あるいは建て付けを検討したりする編集業務については、ＡＩができない創造的なことかもしれません。

重要なのは、ＡＩやロボットができることに対し、いかに付加価値をつけられるかということです。

人間の気持ちは、人間でなければ分かりません。それこそ、独特の感性を持っている人でなければ分からないのです。その点、人間がヒューマンタッチを加える作業はなくなりません。なぜなら、売るのはＡＩかもしれませんが、買うのは常に人間だからです。サービスを受ける側が１００パーセント人間だからこそ、その人の心に響くかどうかが重要となるのです。

そうした部分に、ＡＩやロボットが取って代われないものがあるのです。そういう点では、人間性を高めるということも、評価を高める上で、この先ますます重要となることは間違いありません。

切迫感を持って生きているか

これまでも述べているように、現代は、社会が非常に複雑化しています。

世界の冷戦構造が崩壊して30年がたち、２０２２年2月にはロシアのウクライナ侵攻が起こるなど、世界情勢が再び大きく変わりつつあります。

また、中国の台湾統一の思惑に対し、米国のナンシー・ペロシ下院議長による台湾訪問など、下手をすると第三次世界大戦に発展しかねない兆《きざ》しもあります。

そこで、沖縄の米軍基地をはじめ、日本も巻き込まれる可能性があります。そういうことを、私たちは今から考えておかなければなりません。

また経済については、日本はここ30年間、成長がストップしていますが、これからさらに一段、二段と落ちていく可能性があります。事実、コロナによる上海封鎖だけでも、日本企業は戦々恐々としています。

その中で、とくに若いビジネスパーソンたちは、どうやって生き延びていけばいいのかを真剣に考えなければなりません。

日本のＧＤＰは90年代前半と変わらず、むしろドルベースでは昨今の円安もあり、下がっています。そのために給与水準も伸びていません。しかも人口は減少し、高齢化率だけが上がっているのです。

それにもかかわらず、日本国民には切迫感が欠けているようです。とくに若い人だけでなく、これまでのほほんと生きてきた中高年にもそうした傾向があるように感じます。

それは政治のせいもあるでしょう。国民に危機感をあおっても票にならないため、バラマキ政策を行い続け、財政赤字ばかりが増えています。すでに名目ＧＤＰ比の財政赤字は先進国中トップです。日銀もカンフル剤を打ち続けた結果、ここにきてアベノミクスの弊害が出てきて、インフレになっても利上げをできないという手詰まりの状況にあります。

日本政府としては、原理原則に立ち返るべきですが、現実的には難しいでしょう。だから個人で対応するしかありません。

いずれにしても、個人の実力を高めることです。本書を通して考えてきた、「周りからの評価」、それも多くの人が認める評価を高めることです。

それが、これからの時代にはこれまで以上に欠かせないのです。

私たちは日本をなんとかしようと努力しているのですが、政府の政策によってせっかくの苦労が水の泡になるということだけは避けたいものです。

「みんなと同じだから大丈夫」などと考えていると、いつの間にか、日本は世界から置いていかれてしまいます。すでに相当の差がついているのです。

事実、主要60カ国の中で、ドルベースで成長していないのは日本だけです。90年代以降、アメリカは約4倍、中国は15倍以上も伸びています。それだけ給料も上がっているということです。

日本経済はこの先、さらに厳しくなります。二極化も進んでいます。給料も一人当たりのGDPも格段に低いのです。

だからこそ、優秀な人ほど海外へ行ってしまいます。スポーツ選手からノーベル賞をとるような学者・研究者まで、みんな海外へと出て行っているのです。

もはや、語学の壁は問題になりません。トップティアの人たちには通訳がついていますし、今後はますますＡＩによる発達もあります。そうなるとこれからはますます、優秀な人ほど海外に向かうことでしょう。

そういう中において、置いてきぼりを食らうのか、それとも奮起して努力するのかは、あなた次第なのです。

正しい考え方を身につけ、高い志や目標を持って、正しい努力を「紙一重の積み重ね」を行っていけば、きっと良い成果や結果が得られると思います。

頑張ってください。

あとがき

若い人の中には、「モチベーションが上がらない」と言う人がいます。

私は、いつもモチベーションを高く持っています。むしろ、過去にモチベーションが落ちたことなどありません。社員に対しても、「モチベーションを上げてやろう」などと考えたことはありません。なぜなら、モチベーションを持っていないような人間は最初から採用しないし、私は社員に働きがいを与えることを考えているからです。

私は、社員のモチベーションを上げるために会社を経営しているわけではありません。お客さまに喜んでもらい、お客さまや社会に貢献するためにやっているのです。

ですから、本文でも書きましたが、お客さまに喜んでいただくことで、働きがいを感じ、それにより、自身のモチベーションを上げてほしいと考えているのです。そのためには、各人が実力を上げるしかありません。真に実力が高ければ、評価も自然と上がります。

経営で重要なのは、モチベーションよりも「働きがい」です。仕事に働きがいがあれば、モチベーションは自然と上がるのです。私はお客さまや社員に、「もう一回、生まれ変わってもこの仕事をやりたいと思えるぐらい、心が震えたことはありますか？」という話をよくします。そこに、働きがいを得るためのヒントがあります。

私は自著の読者の方々から、いろいろなご批評をいただくことがあります。面識のない方から、「小宮さんのおかげで人生が変わりました」というお手紙をいただくと、本当にこの仕事をしていて良かったと思います。

中には、「小宮さんの本を読んで日本一になることができた」と報告してくれる方もいます。そうした声を聞くたびに、私は心が震えます。

つまり、そのような仕事ができるかどうかで、人の人生も変わるのです。

論語に「われ日に我が身を三省す」という有名な言葉があります。書店の「三省堂」の店名の由来にもなっている言葉で、自分を省みることの大切さが説かれています。

私も寝る前には、必ず3年連用日記で自分自身の一日の行動を振り返っています。そうすることで、自分をそのまま肯定するのではなく、反省しているのです。

違う視点で見れば、自分で自分を笑える人はうまくいきます。自分を客観的に見ることができているからです。私自身、バカなことをいっぱいやってきたなと思います。反省できない、自分を客観視できない人は、自分で自分を笑えないのです。

自分を反省できない人は伸びません。仕事ができない人の多くは、きちんと自らを反省していないのです。けれど、その反省があってこそ、自分を変えられるのです。稲盛和夫さんも言っているように、人格を向上させ、能力も向上させないと、何も変わりません。自分の実力や人格を高めていかなければ、評価は得られないのです。

そのためには、何千年もの間、多くの人が正しいと言ってきたことを私たちは学ぶ必要があります。それは普遍の価値観です。

正しい価値観や生き方を学べば、成功はぐっと近づいてきます。

社会のため、さらには大切な人や自分自身のために、ぜひ、本書をヒントにして、より良い自分へと変わってみてください。

本書作成にあたり、編集担当の河西泰さんには大変お世話になりました。この場を借りて心よりお礼申し上げます。

小宮一慶

2022年12月

制作スタッフ

〔装丁〕　斉藤よしのぶ
〔編集協力〕　山中勇樹
〔DTP〕　株式会社三協美術

〔編集長〕　山口康夫
〔担当編集〕　河西　泰

人《ひと》はあなたの何《なに》を見《み》ているか

2023 年 1 月 1 日　初版第 1 刷発行

〔著　者〕　**小《こ》宮《みや》一《かず》慶《よし》**
〔発行人〕　山口康夫
〔発　行〕　株式会社エムディエヌコーポレーション
〒 101-0051　東京都千代田区神田神保町一丁目 105 番地
https://books.MdN.co.jp/
〔発　売〕　株式会社インプレス
〒 101-0051　東京都千代田区神田神保町一丁目 105 番地
〔印刷・製本〕　中央精版印刷株式会社

〔カスタマーセンター〕
造本には万全を期しておりますが、万一、落丁・乱丁などがございましたら、送料小社負担にてお取り替えいたします。お手数ですが、カスタマーセンターまでご返送ください。

■落丁・乱丁本などのご返送先
〒 101-0051　東京都千代田区神田神保町一丁目 105 番地
株式会社エムディエヌコーポレーション カスタマーセンター
TEL：03-4334-2915

■書店・販売店のご注文受付
株式会社インプレス　受注センター
TEL：048-449-8040 ／ FAX：048-449-8041

内容に関するお問い合わせ先
株式会社エムディエヌコーポレーション　カスタマーセンターメール窓口
info@MdN.co.jp

本書の内容に関するご質問は、E メールのみの受付となります。メールの件名は「人はあなたの何を見ているか　質問係」とお書きください。電話や FAX、郵便でのご質問にはお答えできません。ご質問の内容によりましては、しばらくお時間をいただく場合がございます。また、本書の範囲を超えるご質問に関しましてはお答えいたしかねますので、あらかじめご了承ください。

ISBN978-4-295-20476-3　C0034